クラスがワクワク楽しくなる！

子どもとつくる 教室リフォーム

信頼ベースの学級ファシリテーションによる
教室リフォームプロジェクト事例集！

岩瀬直樹 編著

有馬佑介・伊東峻志・馬野友之 著

学陽書房

教室リフォームプロジェクト
ってこんな感じ

教室リフォームプロジェクトは、子ども達が教室を自分達でデザインして、自分達の居場所に変えていくプロジェクト！「自分達がクラスの主役なんだ！」と子ども達が自立し、クラスがまとまる、ワクワクするプロジェクトです！

クラスにリラックスできるスペースをつくってもいい

奥は古畳が敷いてあります。手前は感情を落ち着かせたいとき座るクールダウンチェア。本は子ども達の手で分類されています。

こんな季節の飾りも子ども達が考えてつくりました！

自分達の教室を自分達でステキに飾るアイデアが、子ども達からたくさん飛び出してきます！

教室の隅にいろいろリフォームOKの場所を作る

教室の隅に「ここはいろいろリフォームしていい場所」というスペースをつくっておくと、子ども達がどんどん手をかけてくれたりします！

> ベンチをつくってサークルになれる場所づくり！

　子ども達とベンチを作り、サークルになれる場所を作ったりも。朝の会で使ったり、時には机にして勉強したり。いまの教室でも十分工夫できる範囲です。
　「畳を置くのとかは、私の学校じゃ無理だなあ」
　「ベンチなんてとっても置けない！」
という声も聞こえてきそうです。
　それはごもっとも。でも安心してください。畳を置くことがリフォームではありません。状況に合わせて、「子ども達と一緒に教室環境を作る」ことが大切なのです。

> リフォームしたあるクラスの教室全体の様子！

> こんなちょっとした工夫が素敵なリフォーム！

　そんなに大がかりなリフォームでなくても、子ども達の発案で、日常の中でちょっとしたかわいい工夫、やれそうなこと、手元でやれることからスタートすることができる、それが教室リフォームプロジェクトの魅力です。

　子ども達はこんなふうに掲示物をかわいく作り込んだりもしてくれます。

　そして、この小さいことから始める活動が、いずれ学校での学び方自体を見直していく大きなきっかけにもなるはずです。

教室リフォームの アフター大公開！

いいクラスには、いい教室から。
教室リフォームでこんな学びの場を実現したことも！

学習プリントコーナー
漢字や計算など、自分がすすめるためのプリント全員分入っている

作家コーナー
授業で作文を書く時は、作家になりきる。創作意欲をかきたてる、いろんな種類の作文用紙などの小道具がそろっている

机の配置
子どもどうしで勉強や話しあいがしやすいような形。席替えは月に一度、完全くじ引き制

小さく集まるコーナー
ウレタンマットに、廃園になった幼稚園からもらったテーブルを設置。畳コーナー同様、勉強・あそびに大活躍

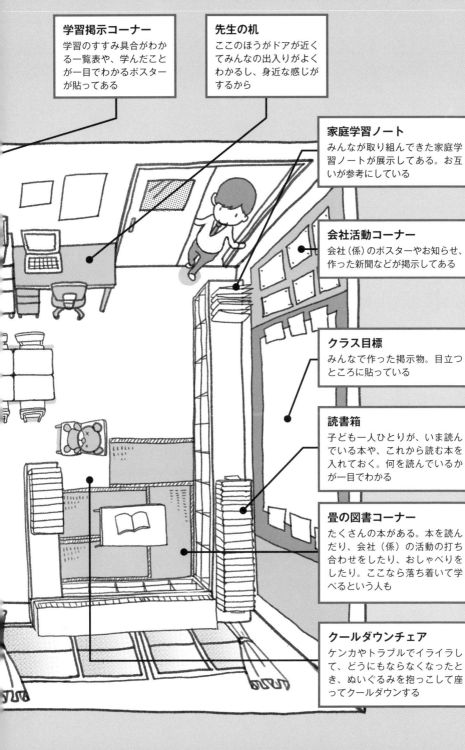

まえがき

> 「働き方」が変わることから、
> 世界が変わる可能性もあるのではないか。
> この世界は一人一人の小さな「仕事」の累積なのだから、
> 世界が変わる方法はどこか余所ではなく、
> じつは一人一人の手元にある。
> 　　　　　　　（『自分の仕事をつくる』西村佳哲　晶文社）

　ボクの座右の銘です。
　このことを体感することこそが、学校の役割の大きな一つだとボクは考えています。「どうすれば幸せになれるのか」を自分の手の中に取り戻す第一歩。それは自分の手元から周りが変わる体験のスタートです。その体験が広がっていけば、きっと学校、社会を変えることにつながっていくと信じています。「教室リフォームプロジェクト」は、そのための大切な実践の一つです――。

　子ども達が毎日学び、生活する教室。みなさんの教室は子ども達にとってどんな教室でしょうか。朝起きて「早く行きたい！」と思えるような教室でしょうか。「学びやすい」環境でしょうか。あるいは「ああ、今日も学校かあ」と思わず声が漏れてしまうような場所でしょうか。
　日本のこれまでの学校建築の多くは、同じ形の教室が廊下に沿って一直線に並んでいます。ボク達は子どもの頃から１万時間教室で過ごしてきてるので「そういうものだ」と思いこんでいます。全国を見てみると、1980年代からオープンスペースの教室を始めとした、子

ども達の学びやすさに焦点をあてた建築も増えてきています。写真等を見るとうらやましくなるような環境の学校もあります。しかしそれも一部に過ぎず、多くはボク達が子どもの頃に体験したままの教室です（それらの先進的な学校建築も、先生にとっても子ども達にとっても「与えられた環境」になってしまい、十分に機能してないところもあるようです）。

　ボク達は学校の建物自体を変えることはできません。
　ではあきらめるしかないのでしょうか？

　教室を「既にあるもの」と考えるのではなく、「どうすればこの教室が子ども達にとって学びやすく、居心地のいい場所になるだろうか」と問いを立ててみたい。どうすればまるで自宅のリビングルームのようにホッとできる教室になるだろう？　どうすれば、毎日来たくなる教室になるだろう？　どうすれば一人ひとりが学びやすい教室になるだろう？
　そんな問いから始まったのが「教室リフォームプロジェクト」です。

　教室リフォームプロジェクトとは、一言で言うならば、「毎日過ごす教室を自分達の手でリフォームするプロジェクト」です。
　多くの教室にも利点があります。フレキシブルに動く机、余計な壁や柱がないすっきりした広さ。自由度の高い空間とも言えるのです。アイデア次第で、素敵な空間にすることができるのです。
　しかも先生だけががんばるのではなく、学習者であり、教室の主人公である子ども達と協力して一緒に作ります。調理実習で自分達で作った料理は、味がちょっとぐらい残念でもおいしく感じます。自分達で作った教室だからこそ、愛着もわき、大事にしたくなる、もっといい教室にしたいというオーナーシップも育つのです。
　この実践を「信頼ベースの学級ファシリテーション」として提案し始めてから、全国の多くの方から「やってみました！」というお話を

伺いました。「子どもってすごいですね！」の声を聞き、提案してきてよかったなあとつくづく思います。

　と同時に、「畳を置いて怒られました」という話もよく聞くようになりました。教室リフォーム＝畳を置くことではないので、丁寧に伝えたいと考えていたところ、3人の信頼する実践家がご自身の実践を紹介してくれることになりました。目的・考え方・方法が丁寧にまとめられ、第一歩を踏み出す背中を押してくれるはずです。

　子ども達は、自分達の力を発揮する場、教室のオーナーになれる場を待っています。さあ、やってみましょう！

東京学芸大学教職大学院准教授
岩瀬直樹

もくじ

クラスがワクワク楽しくなる！ 子どもとつくる教室リフォーム

教室リフォームプロジェクトってこんな感じ…………………… 2

まえがき ………………………………………………………………… 8

第1章 教室リフォームプロジェクトが、子どももクラスも変える！

1　子どもが自分で考える教室リフォームプロジェクト！……16
2　教室リフォームプロジェクト開発秘話（？）………………18
3　子ども達がどんどんリフォームを進めていく！……………20
4　ある子がきっかけに生まれた美術館コーナー………………22
5　子どもがどんどん変わっていく！……………………………24
6　トイレもリフォームしちゃった!?……………………………26
7　さあ実践してみよう！…………………………………………28

Column … 「共同修正」を学級・学校の核に……………………………30

第2章 こうしたらうまくいく！教室リフォームプロジェクト

1　事前に任せる範囲を決めよう……………………………………32

2	リフォームに必要なものを準備しよう	34
3	「教室リフォームプロジェクト」の 目的と価値を共有しよう	36
4	写真やリフォーム本でイメージを伝えよう	38
5	先生の希望を伝えよう	40
6	アイデアを出し合って何をやるか考えよう	42
7	最初は小さな一歩から始めよう	44
8	担当を決めよう	46
9	教室リフォームの「ルール」と「注意事項」を作ろう	48
10	最初は2時間から始めよう！	50
11	先生も一緒に活動しよう！	52
12	ビフォーアフターを写真で撮っておこう	54
13	改善を続けていこう	56
14	周りの先生や保護者に説明しよう	58
15	ルールもリフォームしていこう	60
Column	…子ども達はどうとらえているのだろう？	62

第3章 やってみたらこんなに変わった！教室リフォーム実践事例

実践事例① 6年2組の教室リフォーム！

| 1 | 教室リフォームプロジェクトから見えてきたもの | 64 |
| 2 | 教室は誰のもの？ | 66 |

3	教室リフォームのスタート！	68
4	困ったことを素敵に解決する	72
5	ぐんぐん成長する教室リフォームプロジェクト！	74

実践事例② 中学3年の教室リフォーム！

1	教室リフォームプロジェクトを導入したきっかけ	78
2	自分達で教室を変えてみよう！	80
3	子ども達の自由な発想に驚く	82
4	大きなホワイトボードを設置	84
5	アイデアが次のアイデアを生む	86
6	子ども達の振り返りとその後	88
7	目には見えない子ども達の気持ちを大切にする	92

実践事例③ 横山先生のクラスの教室リフォーム！

1	ロッカーの位置を任せて気づいたこと	96
2	本棚の本を入れ替えてみよう	98
3	たっぷりの時間がリフォームを加速させる	100
4	学校で一番好きな場所はどこですか？	102
5	教室リフォームが育てたもの	104
Column	「やってみてから考える」試行錯誤のススメ	106

第4章 子どもの主体的・対話的な学びの場を作るために

1. 学習環境の重要性 …………………………………… 108
2. 自らの手で学習環境を改善していくことの価値 ……… 110
3. 教室リフォームが人間関係にもたらす影響 ………… 112
4. 教室リフォームと「主体的・対話的で深い学び」…… 114
5. 教室が子どもの居場所になると学びの意欲も変わる … 116
6. 教室リフォームだからみんなが参加できる ………… 118
7. 教室リフォームで育まれる教室文化 ………………… 120
8. あたり前を疑うことから始めよう …………………… 122
9. 小さな一歩から大きな変革へ ………………………… 124

第1章

教室リフォームプロジェクトが、子どももクラスも変える！

岩瀬直樹

1 子どもが自分で考える教室リフォームプロジェクト！

★ いろいろやってあげるのが先生の仕事？

　ボク達教員は、「子ども達のために、いろいろやってあげるのが先生の仕事」と思いがちです。できるだけ手をかけるのが「よい先生」……これは割と根強い価値観です。

　しかし、先生が一所懸命「やってあげる」ことで、子ども達は、「自分の周りを居心地よくするのは他人の仕事」「自分には関係ない」ということを学んでいるかも知れません。よかれと思ってしたことが、結果として子どもの自主性や主体性を阻害しているかもしれないのです。

　本来のボク達の仕事は、子ども自身が「自分でやりたいと思ったことを自分でやれるようになること」「自分の環境を自分でよりよくしていけるようにすること」ではないでしょうか。

　そこで教室リフォームプロジェクトです。

　「せんせー、ロッカーに名前シールが貼ってありません！」

　「そっかー、それは困ったねー。で、どうしたい？」

　「名前シール貼りたい」

　「お！　いいアイデア。どうぞどうぞ。そこにシールもあるし、名前の印もあるよ。いいと思ったらボクに断らずやるといいよー。それが教室リフォームだから」

　困ったり、不都合を感じたりしたら、自分達で何とかしていく。そうして、自分達で教室を作っていく。**「自分の周りは自分が行動することでよりよくなる」**ことを体験的に学べるのです。

子ども達が作った掲示物コーナー

子どものアイデアでステキに教室が変わる!

2 教室リフォームプロジェクト開発秘話(?)

 教室リフォームが生まれたきっかけ

　本書で紹介している教室リフォームプロジェクト。これを思いついたのは育児休業中の経験からでした。一日中家事をしているのがつらくて、いやいや掃除をするより、片づけることを楽しみに変えよう！と、見よう見まねで家のプチリフォームを始めてみたのです。やってみるとこれが楽しい！　自分の場所という愛着がわいてくると共に、「自分の居心地は自分でよくしていける」というあたり前のことに目覚めたのです。当事者として自分の環境を変えていける！　という体験はとても心地よいものでした。

　育休から復帰し、2学期スタート直前。朝、車を運転して2学期の準備に向かう途中、「教室で準備しなくちゃいけないことは〜」と考えごとをしている時に、「**あ、教室もボクがやったみたいに、子ども達がリフォームすればいいんだ！**」と思いついたのです。いま思えばあたり前なのですが、ボクにとっては大発見でした。

　「学習者中心の教室」と頭でわかっていたことと体験がつながり、腹落ちした瞬間でした。リフォームに使えそうな画用紙、テープ、文房具、学級文庫、古畳、古布等、使えそうなものをかき集め、教室の前にドサッと置きました。

　そしておそるおそる子ども達に「テレビでやっているビフォー・アフターみたいに自分達でリフォームしてみようよ」と呼びかけたのでした。

子ども達はこんなふうにがんばりました

こんな教室にリフォームされました!

3 子ども達がどんどんリフォームを進めていく!

教室が居場所へと変化し始める

　子ども達は、ボクの想定をはるかに超えて嬉しそうに活動し始めました。あの時の子ども達の姿はいまでも映画のように覚えています。

　学級文庫が五十音順にきれいに並び、「5－1図書館」という看板がつけられました。マーカーや画用紙がきれいに揃えられ、学年便りを貼るところも色画用紙で美しくなりました。机がピカピカに拭かれ、ついでにボクの教卓の引き出しの中も整頓されました（笑）。

　当時、不登校気味だったある子が、このリフォームをきっかけに、「本棚を目隠しする布を作るね」といって毎日休み時間のたびにせっせと縫い物をしてくれていました。いま思えば、教室の中に自分で居場所作りをしていたのかもしれません。

　毎年のようにいろいろなエピソードが紡がれていきました。棚が散らかってくると「プチリフォームするか！」と有志が片づけてくれたこと。季節が変わるたびに、季節の飾りが壁を賑やかにすること。教室の破れかけていた古いカーテンがいつの間にか直っていたこと。参観日の前、まるで家庭訪問の前の家の掃除のように念入りに掃除する姿。ある子のお気に入りのぬいぐるみが教室に置かれていたり。破れたぬいぐるみを丁寧に縫ってくれる子。ついでに男子が振り回して破れた体育帽子も縫ってくれたっけ。教員を退職する直前には、教室に置く木のベンチを一緒に作ったりもしました。さまざまな物語も生まれ、**確実に教室は子ども達の「居場所」へと変化し始めました。**

学級文庫もこんなにきれいに

さまざまな子ども達のアイデア

こんなふうに人形やぬいぐるみをちょっとあしらう、子ども達のちょっとした「遊び心」も教室をあたたかい雰囲気にしてくれます。

4 ある子がきっかけに生まれた美術館コーナー

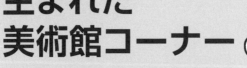

 トラブルの多かった太郎君

　ある年の3年生のスタート。太郎君はなかなか落ち着いて学校生活を送れませんでした。昨年度まで授業がよくわからない状況が続き、立ち歩きも多く、担任や友達とのトラブルが絶えなかった太郎君。困った子と考えがちですが、太郎君自身が困っていたのです。

　初めての教室リフォームプロジェクトでは、一生懸命本を運んで並べてくれました。でも並べている途中で友達とケンカになり、「もういいよ！」と言って教室を出ていく、そんなスタートだったのです。

　授業中、最初はずっとポケモンの絵を描いていました。「太郎君、ポケモンの絵うまいねー！　これ何ていう名前？」これがボクと太郎君のコミュニケーションのスタートでした。嬉しそうにポケモンを語る太郎君。次の日、ポケモンの本と共に、家でたくさん描いて持ってきてくれました。その時、ボクは考えました。これがいま太郎君にとって楽しいことで「強み」。ここからスタートしよう。

　「太郎君、この教室って自分達でリフォームしているでしょ？　みんなが好きな絵を描いて貼る美術館コーナー作らない？」

　そして学級のみんなに呼びかけました。「太郎君と相談したんだけど、このクラスには絵を描くのが好きな人が結構いるでしょ？　描いた絵を飾っていい美術館コーナー作ろうと思うんだけどどうかな？」

　快く賛成してくれた子ども達。生き物コーナーのそばの壁に「美術館コーナー」ができたのです。

絵だけでなく造形作品も置いた美術館コーナー

その後、こんな本の紹介コーナーも生まれています

5 子どもが どんどん変わっていく！

教室リフォームが太郎君を変えた！

　太郎君は、毎日新作を描いてきて、そのコーナーに貼り出します。それに刺激を受けた子ども達も絵を描いて貼り出し、「うまいなー！」「何見て描いたの？」「次の休み時間描こうぜ」とコミュニケーションの場となっていったのです。

　これが太郎君と教室、太郎君と友だちがつながるきっかけとなっていきました。教室リフォームプロジェクトをきっかけに自分の強みが認められる経験となりました。

　太郎君は、少しずつ学習にも取り組むようになってきました。時には感情が揺れてしまうことも。そんな時のために教室に「クールダウンチェアー」を置きました。日頃から「リフォーム」することに慣れている子ども達は新しいものが来ても平気。自然に受け入れてくれます。最初の内は「あー、ちょっとイライラしてきた！」とボクが積極的に座っていました。それで抵抗感がなくなったのか、太郎君も感情が揺れると自分で座って落ち着くことができるようになりました。3学期にはほとんどその椅子も必要なくなり、最後のリフォームでは撤去されました。

　少しずつ少しずつ学級が自分の居場所になっていった太郎君。

　「あーこのクラスはいいよなー！　リフォームできるしなー！」と嬉しそうに畳コーナーでポケモンの絵を描いたり、時にはボクと算数の復習をしたりして穏やかに過ごした1年になりました。

子ども達に大人気になった クールダウンチェアー

ちょっとしたコーナー"かくれ家"があることで落ち着くことってよくあります。この椅子や、下のコーナーもその一つ。気分が変わるって大切です。

こんなスペースも落ち着いて学べる場所に

6 トイレも リフォームしちゃった!?

★ 教室リフォームが、教室から飛び出した!

　教室リフォームプロジェクトをやるのがあたり前になってきた子ども達、なんと掃除場所でもリフォームを始めた年もあります。

　もちろん掃除時間は掃除を一生懸命。休み時間や家に帰ってからの時間でせっせとグッズを作ったり、リフォームしたりしていました。

　全部のトイレのトイレットペーパーを同時に新品にして、その減り具合で個室の人気度を測ったそうです。すばらしい！人気がなかったトイレは、とくに入念に掃除していました。一気に人気の個室になったみたいです。

　トイレの入り口には、カーテンを利用して作った暖簾もつけられたりしました。中学生になった

トイレットペーパーホルダーに色紙を貼って、個室によって色を変えたりしました。

当時の子からこんなメッセージが来たことも。

「久しぶりです！〜　トイレにカーテンつけるのはやってるの？　おれが学校に寄付したカーテンどうなってる？　あの時のトイレのきれいさは天下一品だったな。〜いま中学でトイレ掃除だけどチョー楽しんでがんばってるよ!!　水道周りはすぐ汚くなるからこまめにふいてるよ！←ここポイント！　トイレ掃除は何でも工夫して掃除すればきれいになる場所だからがんばって!!（元トイレ掃除のプロ中のプロより）」

「**教室リフォームプロジェクト**」をきっかけに、自分の手元から周りが変わっていくことを実感したのです。

　年季が入った学校だったので、ドアノブが壊れたままのところがあり、給食で出たヨーグルトのカップで「とって」をつけてました。それを見かねた教頭先生が新品をつけてくれました（笑）。

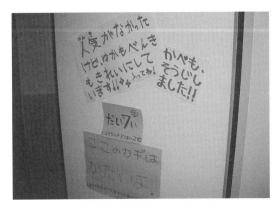

どうきれいにしているかをアピール！　人気の個室も生まれました。

7 さあ実践してみよう!

居心地のよさは一人ひとり違う

　居心地のよさ、を考える時、ついボクらは学級を一まとまりとしてみてしまいます。しかし居心地のよさの感じ方は一人ひとり違います。

　グループで座って話すのが好きな子は、ベンチや畳コーナーが好き。一方、教室の隅のコーナーが落ち着く、という人もいる。机が好きな子もいるし。床が近い方が落ち着く子もいる。

　子ども達の言葉からも、それぞれの感じ方が違うことが伝わってきます。

　「私にとって居心地のよい場と、あなたの居心地のよい場は違う」という前提に立って、

　「ではここにいる一人ひとりが居心地よく過ごせるにはどんな環境にすればよいか」

　を考え合い、試行錯誤する、という視点が、従来の教室環境に抜けていたのではないでしょうか。

　大切なことは、正解はないということ。何度も試行錯誤してよりよい環境を目指し続けること。不都合が起きたらすぐ変えてみること。ボクが信頼する人の言葉に、「思考より試行」というのがあって、ボクはその言葉がしっくりきます。

　この教室、このコミュニティに関わる人達で育てていくことで、場に愛着が生まれて、本当の意味で私達の場所になるのではないかとボクは考えています。

一人ひとりお気に入りの場所が違う

心地よく過ごすのは、本当にちょっとした工夫

Column 「共同修正」を学級・学校の核に

　教室環境をどうしたら子ども達は使ったり学んだりしやすいかなあと考える時、エンドユーザーである子ども達に、「ねえ、どうすると使いやすくなる？」と相談して一緒に教室環境を作る。意見が割れたら、「じゃあ、1週間ずつ試してみよう」と一緒に実践研究する。教室環境を「共同修正」する。

　学習進度や予定を記入するワークシートも、意見を聞けば、使っている本人ならではの建設的な修正案がたくさんもらえます。使うワークシートも「共同修正」する。一緒に創っていく。困ったら相談する。これが、学校の先生にとって、もっとも重要なあり方だとボクは考えています。これを「共同修正」という言葉で定義することにします。

　学校のあらゆることを子ども達と共同でよりよくしていく。本気で参画の場を作る。「共同修正」を学級の、学校の核にしましょう。それが民主主義の第一歩。そして自由の相互承認の感度を育む第一歩です。

　たとえば、研究授業だって、子ども達に授業案を示し「どう思う？」と相談。当事者こそのするどい意見が出ます。共同でよりよい授業案にしていきます。

　共同修正＝そのコミュニティのメンバーでよりよくし続けるプロセス。これが文化になりつつあったある日、朝のサークルタイム（朝の会）でのこと。ある議題で話し合いがいき詰まり、困った司会（ファシリテーター）の子が言った一言。

　「どう進めていいかわからなくなったんだけど、どうしたらいいかな」。この一言にボクは震えました。場がグッと変わりました。謙虚な問いかけの力。共同修正のあり方。まったく人の力はすごい。大人も子どももないわけです。

第2章

こうしたらうまくいく！
教室リフォーム
プロジェクト

有馬佑介
伊東峻志
馬野友之

1 事前に任せる範囲を決めよう

書き出してみよう

　教室リフォームの最初のステップは、「事前に任せる範囲を決める」ことです。まず、教室準備に必要なことをノートに書き出します。新年度なら「ロッカーの名前シールを貼る」「時間割などの掲示物はどうする？」といったことです。さらにイメージを広げ、「子ども達が集まれる場所を作りたいなぁ」「飾りや絵が貼ってあっても素敵だなぁ」そんな風に自分の中の教室のイメージを書き出していきます。

　書き出すと、「やらなければならないこと」「やってみたいこと」が見えてきます。ここでは子ども達に任せられるかどうかは深く考えないのがコツです。とにかく、イメージを書き出していきましょう。

子ども達とできそうなことを考えてみよう

　書き出したものを眺め、「おっ！　これは子ども達にお願いしてみよう」「アイデアを聞いてみよう」と任せることを決めます。

　たとえば「ロッカーの名前シール貼り」。いままで自分が作って貼っていたけど、子ども達とやった方が一石二鳥かもしれないなぁ……よし、子ども達にお願いしよう、といった具合です。また、子ども達が安全にできるかどうかにも気を配りましょう。そして大体６～８ヵ所くらいにまとめて子どもたちに提案をします。

　４月最初のまっさらな教室。寂しさにあれこれ教師がやりたくなりますが、これから子ども達と作ると考えるとワクワクしてきます。

まっさらな教室！　ここからのスタートが楽しい！

実際にやってみたやりたいことリスト

- 読書スペース
- ソファーは置けるかな？
- ○○コーナー
- 本棚作り
- 何でも掲示板
- ボードゲームコーナー
  （コーポラティブゲームや将棋など）
- クラス新聞やマンガなど子どもたちの作品を飾る
  コーナー
- 季節の掲示板

ひとことアドバイス

心と場にゆとりを持ってイメージを広げよう！
先生のワクワクが子ども達のワクワクにつながります！

2 リフォームに必要なものを準備しよう

 身の回りにあるものから揃えていこう

　任せる範囲を決めたら、リフォームに必要なものを準備しましょう。
　名前シールに使える「テプラ」のような機械は多くの学校にあります。また、画用紙や折り紙、マジック。材料は教室だけではなく、教材室や倉庫で思わぬお宝に出合えます。校務員の方に声をかけて、材料集めの協力者になってもらうと心強いです。こうやってまずは身の回りのモノから準備していくといいでしょう。子ども達と一緒に教材室を見にいくと嬉しそうにいろいろなものを見つけ出してくれます。

 少し視野を広げて探してみよう

　とはいえ、学校の中だけでは限りがあります。ほかに、家で使わなくなったカーペットマットや、使わなくなった畳をもらってきたこともあります。その時には必ず学年の先生や管理職の先生に確認することを忘れずに。
　また、100円ショップやIKEAなどにリフォームに使えそうなものがたくさんあります（ただ、先生が揃えすぎるのもほどほどに……）。子ども達からも「先生、リフォームに使えると思って買ってきた。使っていい？」と自然と材料が集まってきます。事前に「リフォームに使えそうなものがあったら持ってきて」と子ども達に伝えるのもいいですね。木工所から大量の木材をもらってきた時には腰を抜かしましたが……（笑）。

これだけは揃えたい！　最低限集めたいグッズリスト

あると絶対便利！

- マジックペン
- 画用紙＆折り紙
- テプラ
- 工作セット（のりやはさみ等）
- 養生テープ（ガムテープに比べて剥がしやすく、跡も残りません）
- ブックスタンド
- 教室に貼る掲示物

これは使えた！　お役立ちのグッズリスト

おすすめしたいベスト5

- 額縁
- ホワイトボード
- はぎれの布
- ペットボトル
- トイレットペーパーなどの芯

ひとことアドバイス

身近なものを一工夫！　工夫の余地がアイデアを生みます。子どもと大人を巻きこんで素敵なリフォームを！

3 「教室リフォームプロジェクト」の目的と価値を共有しよう

 目的と価値を考えよう

　教室リフォームは楽しい活動ですが、目的と価値がわからないと、ただのイベントで終わってしまいます。目的と価値が子ども達に伝わってこそ、「次はこうしようか？」「もっとこうしたらクラスがよくなるんじゃないか？」という視点が生まれます。この視点はクラスのさまざまな場面につながっていくことでしょう。
　ですからまず、先生がリフォームの目的と価値をしっかり考えておきましょう。

 目的と価値を伝えよう

　目的と価値がはっきりしたら、活動の前に子ども達と共有していきましょう。たとえば右ページのように子ども達に伝えます。

　　目的＝みんなが居心地のいい場所を作るため。
　　価値＝愛着やオーナーシップを持てる。

　ボクの場合は、この2つを伝えています。きっとこれだけではその目的や価値の全てを理解することはできないでしょう。
　でも、ここでは、リフォームをするということは「何だか楽しそうだなぁ」という気持ちになり「どうやらこのクラスがいいものになるための意味のあることなんだ」と感覚的につかめればOKです。

こんなふうに子どもに伝えています

　この教室は誰の場所だと思いますか？　私は「みんなの場所」だと思っています。だけど、これまで本棚や掲示物、名前シール……何でもかんでも先生が準備して作っているって何だか変だよね。それだと「先生が用意した先生の教室」になっちゃう。だから今回は「みんなの場所だからみんなで決めたい、作りたい」そう思います。みんなで一緒にこの教室をリフォームしてみよう！
　お家をリフォームする番組を知っている？　自分達の住んでいるところを、自分達で変えていっちゃうってワクワクしない？　みんなでこの教室をリフォームしたら、きっととっても楽しいと思うんだ。みんなはどう思う？
　教室がみんなの手でみんなの場所になるように、そして住み心地のよい場所になるように一緒にチャレンジしてみませんか？

　この教室リフォームの目的は、『みんなが過ごしやすい教室になるようにする』です。自分達で考えて、飾りをつけたり、休み時間に読書や将棋ができるスペースを作ったり……こうやって一つひとつ自分達の手で教室を作っていくと、不思議と愛着がわいてきます。「大切にしよう」「いい場所にしよう」そんな気持ちになります。こういう気持ちをオーナーシップっていいます。オーナーシップを持つとその場所だけじゃなく、そこにいる人や自分も大切にできる。安心して過ごせる場があればチャレンジができるようになります。このクラスがみんなにとって居心地のいい自分達の場所になるように、リフォームにチャレンジしてみよう。

ひとことアドバイス

教室リフォームは、先生と子ども達の共同プロジェクトです！
目的と価値を共有して、共に進んでいこう！

4 写真やリフォーム本でイメージを伝えよう

★ リフォームした教室を見てみよう

　子どもに「教室をリフォームする」と言ってもなかなかイメージがわきにくいものです。本書やリフォームの本を見せて、これまでに教室リフォームに取り組んだ教室の様子を子どもに紹介します。すると「すごい！」「おもしろそう！」「え？　こんなのも置いていいの？」なんていう子ども達の声が返ってきます。

　ここで大事なのは、みんなだったらどうする？　と、子ども達とイメージを作っていくことです。「うんうん、素敵でしょ？　ここはみんながのんびりと読書をするスペースなんだよ。こういうスペースがあると、何だかおうちのリビングみたいでしょ？」なんていう風に目的や意味を合わせて伝えていきます。

★ 選んで伝えよう

　どんな写真を見せるかで、子ども達のリフォームのイメージが決まります。たとえば畳の写真。インパクトが強いので、「よし！　畳を置こう！」となるでしょう。でも、見せておいて「それはできないよ」では、子ども達のやる気が台なしになってしまいます。

　それぞれのクラスでできる範囲、内容を考えた上で写真を見せることが大切です。

こんなふうに模造紙で教室リフォームを紹介するのも効果的!

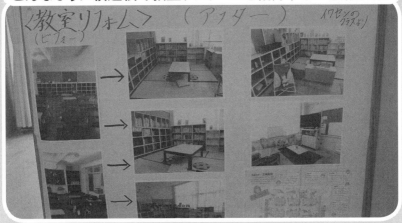

教室リフォームのイメージがつかめる本やブログ

岩瀬直樹著
農山漁村文化協会

岩瀬直樹著
小学館

<いわせんの仕事部屋　http://iwasen.hatenablog.com >
<おじぎするマレンゴ　http://horsefield98.hatenablog.com >
　また、ほかにも家事や整理整頓について書かれた本も参考になります。

ひとことアドバイス

「百聞は一見にしかず」写真でイメージとワクワクを広げよう。子ども達の活動は写真など記録に残しておこう!

5 先生の希望を伝えよう

 事前に希望を伝えよう

　先生だってクラスの一員。先生の希望も事前に子ども達に伝えましょう。学校や学年で統一している掲示物や、先生がどうしてもこだわりたい掲示物などもあるでしょう。事前に伝えないで、教室リフォームをした後に、子ども達にダメ出しをしてしまったら、せっかくやる気になっている子ども達の心を冷やしてしまい、居心地のいい場所作りという目的から逸れていってしまいます。

 ほかの先生達も巻きこもう

　教室を使うのは、子ども達と担任だけではありません。教科担任制の小学校や中学校では、ほかの先生達も教室を使います。その先生達にも趣旨を説明してアイデアを出してもらうなど、巻きこみましょう。せっかくリフォームするのだから、ほかの先生にダメ出しされるよりも、この教室いいよね、って言われた方が子ども達のやる気にもつながります。休み時間に、早めに私のクラスに来た数学の先生が、ベンチに座って子ども達と楽しそうに話している姿は、とてもほほえましいものでした。

先生のこだわりで作成した画用紙入れと写真年表

横45.5cm縦30cm厚さ5mmの薄い木の板に、長さ30cm高さ3cm横2cmの木の棒を2本重ねて段にしました。

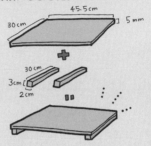

作りたい子と一緒に作成した画用紙入れ。アイデアは美術の先生から。

子どもや思い出の写真を時系列に並べた年表

写真の切り貼りは子どもの仕事。アイデアはこれも美術の先生から。

> **ひとことアドバイス**
>
> 先生も一緒に楽しもう！ ほかの先生達も巻きこんだ方が、楽しさもアイデアも増えていきます。

6 アイデアを出し合って何をやるか考えよう

 全員参加でアイデアを出し合おう

　いよいよ具体的なアイデアを募集していきます。学級会で議長を立てて「誰か何かいい案はありますか……」「はいはーい！」勢いよく手を挙げる子ども。ほほえましい光景です。でも、よく見てみると、そういう時に手を挙げる子って、いつも決まった子かも？　みんなで参加できるのが教室リフォームのよいところ。アイデアを出すことも全員の参加を大切にしてみましょう。

　たとえばこんなやり方はどうでしょうか？　まずはそれぞれで付箋1枚につき1つのアイデアを書き、その後、6人1組で大きな模造紙にそれを貼っていきます。子ども達はこれが大好き。アイデアが増えていくのが目に見えることが楽しくてたまらないようです。

 アイデアを分類してみよう

　たくさんのアイデアが集まったら、それを分類します。「できそうなこと」「できたらおもしろそうなこと」「いまは難しそうなこと」など。この時できるだけ前向きに考えることがとても大切。「絶対無理！」そんな否定の言葉はせっかくのアイデアを潰してしまいますよね。

　ああだこうだと言いながら、子ども達は実際の活動を思い浮かべて分類していきます。さあ、どんなアイデアが出たかな？　すぐには実現できないアイデアも、大切にとっておきましょう。何かのきっかけで実現できたり、新しいアイデアのもとになったりします。

教室にいる一人ひとりのアイデアを大切にしよう

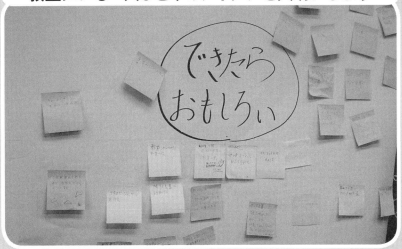

子ども達から実際に出されたアイデアの例

「できそう」に分類されたアイデア

・机の脇に1人ずつゴミ箱
・季節ごとの飾りつけ
・画用紙や折り紙をしまう棚
・トランプや将棋などをやるスペース
・本棚で囲まれた場所　　　など

「できたらおもしろそう」に分類されたアイデア

・パソコンコーナー
・隠れる場所
・テラスにハンモックを吊るす
　など

ひとことアドバイス

どんなアイデアも前向きに笑顔で受け止め、たくさんのリフォームのタネを集めていこう！

7 最初は小さな一歩から始めよう

取り組みやすいところから始めよう

　教室リフォームはとても魅力的な活動です。つい、ほかの教室での取り組みの写真を見ながら「よし、この教室みたいにしよう！」なんて意気ごんだりするものです。やる気があることはもちろんよいこと。でも、いきなり大がかりなことを目指すのではなく、それよりも、まずは小さな一歩を大切にしてみましょう。

　たとえば、教室の掲示板や本棚など使う目的がはっきりしている場所の改善から始めてみましょう。具体的なイメージがわきやすいので、取り組みやすいといえます。「どんな掲示物があったらいいだろう？」「この本棚にはどんな本があればいいだろう？」そんな問いは、よりよい教室を考えていく初めの一歩になるでしょう。

教室の一ヵ所を区切ってみよう

　それから、教室の一ヵ所を区切り、自由なリフォームを思いっきりできるリフォームゾーンを作ることもおすすめです。机の配置を工夫することで教室内にスペースを作ることができます。試行の場所があれば、子ども達は失敗を恐れず安心してチャレンジしていくことができるようになっていきます。

　子ども達のやる気を大切にしながら、小さな経験をたくさん積み上げていきましょう。

さまざまなアイデア出しを経て現実へ

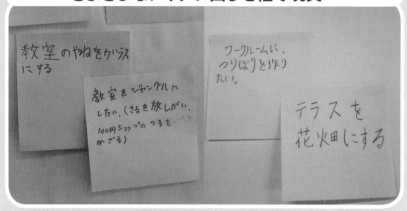

子どもの目指すものは大きくなりがち……。小さな一歩を大切にしましょう。

リフォームゾーンを決めるのもおすすめ

子ども達に大人気のリフォームゾーン。

ひとことアドバイス

大がかりなことよりも、まずは手をつけやすいところから始めてみよう！

8 担当を決めよう

⭐ やりたいところを見つけよう

　大枠が決まったら、リフォームの担当を決めましょう。担当決めは基本的に「自分のやってみたいところをやる」のがいいと思います。子ども達の「やってみたい」の向こうには対象への関心やつながりが隠れています。小さなことのようですが、自分のやりたいところを決めるということが大きなモチベーションになります。やりたいことだからこそ、一所懸命にがんばれちゃう。それは大人も子どもも同じですよね。やりたいことだからこそ、人間関係を乗り越えたり、仲よくなれたりします。それもまたリフォームプロジェクトの力だと思います。

⭐ 子ども達と相談・調整しよう

　しかし、全員が同じ場所では困ります。まず初めに各リフォーム場所に必要な人数の目安を子ども達と決め、次に目安の人数を参考に手を挙げて担当を分担します（名前マグネットを貼ってもらうとわかりやすいです）。話し合って調整しながら決めますが、たいてい人数の少ないところの方が順調に進んで楽しげにやっているものです。

　また、途中で「入れて」なんていうのもOKです。作業しながら新しいアイデアが生まれ、それに伴い新たな担当が必要になることもあるでしょう。グループや担当は流動的に試行錯誤の余地を残しておきましょう。思いついたら「まずやってみる」。計画に縛られないことも大切です。

担当決めも、子ども達の気持ちを尊重して進めよう

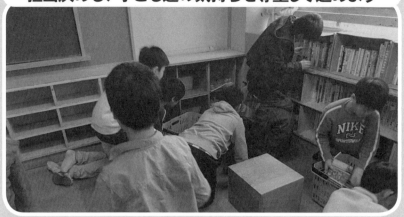

「この本どう整理しようか?」と話し合いながら作業

担当決めも作業も話し合いながらが大事!

ひとことアドバイス

やりたいこととやるべきことの調整が必要。
子ども達と相談しながら進めよう!

9 教室リフォームの「ルール」と「注意事項」を作ろう

★ 範囲・道具・時間を確認しよう

　教室リフォームプロジェクトは、活動がどんどん広がるプロジェクトです。だからこそ、初めに下記の点について「ルール」と「注意事項」を確認し、みんなが安心して活動できるようにしていきましょう。
　範囲…リフォームは教室の一部なのか、全体なのか。
　道具…使っていい道具は何か。管理は誰がどうするのか。
　時間…リフォームの活動時間はいつにするか。

★ 「ルール」と「注意事項」を子ども達と考えていこう

　ルールは、子どもと一緒になって考えていくことが大切です。自分達で考え出したからこそ、子ども達の中にそれを守っていこうという気持ちが生まれるのです。一方で、たとえばノコギリなどの刃物の管理といった安全に関することは、しっかりと決めておく必要があります。先生も教室の一員として、積極的にルール作りに参加していきましょう。
　「図工室の道具は○○先生にことわって借り、その日のうちに必ず返そう」これは実際に子ども達が何度も図工の先生と相談して決めたルールです。自分達で作ったこのルールを、子ども達はきちんと守っていくことができました。

いままでにこんな基本的なルールで始めたりしました

- どんなアイデアも必ず受け入れよう。お互いのやりたいことも大切にしよう。
- 水曜日の昼休みはリフォームデー。やりたい人で集まろう。
- 月に1回、学級会の時間を使おう。先生と相談しよう。
- 片づけは5分前から始めよう。途中まででも切り替えよう。
- 大きな道具は先生のいる時に使おう。

※ルールは「〜しない」よりも「〜しよう」という言葉にした方が、子ども達に前向きな力を与えるのでおすすめです。

子ども達が生み出した実用的&おもしろいルール

- 「誰でもBOX」に入っている画用紙や布、テープは誰でも使っていいよ。
- 「手伝ってほしい人」も「手伝いたい人」もホワイトボードに名前を書こう。
- 一日一善。一日一リフォーム。
- 「やってみよう」からやってみよう。
  （誰かのアイデアに対して、否定的な言葉が目立っていた時に、ある子どもが作ったルールです。子ども達も、僕も背中を押されました。）

ひとことアドバイス

できあがった「ルール」や「注意事項」は、いつでも見えるところに貼り出しておこう！

10 最初は2時間から始めよう!

★ 最初は2時間から始めるのがおすすめ

　リフォームへの取り組み方は2つのタイプにわかれます。「どんどん取り組める」タイプと、「何をしたらいいかわからなくて戸惑っている」タイプです。どんどん取り組める子達には1時間では足りません。また、戸惑っている子達は、周りの動きをしばらく観察してから、動き出すので1時間では時間が足りません。

　そこで、両方のタイプの子のために、最初は2時間からがおすすめです。もしも時間内に終わらなくてもOKです。もっとやりたかった、という気持ちを持ったまま、翌日以降に持ち越すことで、子ども達の「もっと活動したい」という気持ちが膨らんでいくからです。

★ 使えるものをリストやイラストで可視化しよう

　P35を参考に最低の道具は準備しておきましょう。ただし、ものがごちゃごちゃあるだけでは、アイデアが浮かびにくい子もいます。使えるものを箇条書きやイラストにしたものをプリントにして子ども達に配付する方がよい場合もあります。

　以上のように、時間の見とおしがついたり、使えるものが可視化されたりすることで、子ども達は安心して活動を進めていくことができます。

何もしていないように見える子に、どうやって声をかける?

こんなふうに動かない子には「これ一緒にやろうよ」と先生が声をかけて誘ってみましょう。先生が誘ってくれたという安心感から、すっと活動に入っていくこともあります。

使えるものを箇条書きするとリフォームに役立つ

> **ひとことアドバイス**
>
> 見とおしと使えるものを子どもにわかりやすく示して活動を進めよう!

11 先生も一緒に活動しよう!

保安官の視点を捨てよう

　子ども達が教室リフォームをしている様子を見守っている時、先生は、保安官のようについつい子ども達のできていない部分や悪い部分を探してしまいます。「あの子は、全然働いていないなぁ。注意しなくては!」などなど……と。そうしているうちに、だんだんと先生の表情が険しくなってきて、子ども達は先生の顔色を見ながら活動してしまうというようなことも起こりかねません。

　最低限のルールだけを確認したのならば、後は先生も一緒に活動しましょう。先生も一緒に教室を作り上げていく一人の仲間なのです。

　そうすると、いままで気づかなかっただけで、実は一所懸命にがんばっている子ども達の姿を発見できることでしょう。

先生も一緒に活動しよう

　先生が、電動ドリルを持ち出して本棚を作っていると、「使い方を教えてください!」と、子ども達は先生の行動に興味津々。先生に習って使い方をマスターした子が棚作りに大活躍ということもありました。こうした師弟関係ごっこから、子どもの新たな一面を発見することがあります。また、先生が使わないプリンターを再利用した時は、「オレも家でいらないもの見つけてこよう!」と、意気ごんでいました。大人の姿から子ども達は自然と学んでいきます。

電気ドリルも子どもには大きなチャレンジ！

安全の管理は先生が責任を持って行いましょう。

子ども達でこんなベンチを作り上げることも

> ひとことアドバイス

子ども達のがんばっているところをたくさん見つけながら、先生も一緒に活動をしましょう！

12 ビフォーアフターを写真で撮っておこう

 自分達の力を実感するきっかけにしよう

「大改造!! 劇的ビフォーアフター」というテレビ番組で、ビフォーアフターの映像をみた時、視聴者は、そのでき栄えに感動します。同じように、教室のビフォーアフターを写真で撮っておけば、「僕達は、こんなに教室をよくすることができたんだ！」とプロジェクトが成功した喜びや、達成感を味わうことができます。そして、次へのモチベーションが高まったり、自分達に力があることを強く実感できたりするようになるでしょう。クラス全員で、「何ということでしょう！」と言いながら集合写真を撮るのもおすすめです。

 写真を使って振り返ろう

先生から見たら大したことのないような、どんな小さなリフォームでも、子ども達とっては、思いがこもった大切なものです。

自分が担当した部分のアフターの写真を使って、そのリフォームにどのような思いをこめているのかを、クラスで話して共有する時間をもつことも大切です。そうすることで、教室のオーナーシップが育まれていきます。

一人ひとりの思いがこもっていて、自分達の手で作り上げたんだという教室であれば、掃除をがんばろう、壊れたら修理しようと教室を大切にする気持ちが子ども達に芽生えてきます。

学級通信でも、子ども達の思いを共有しておこう

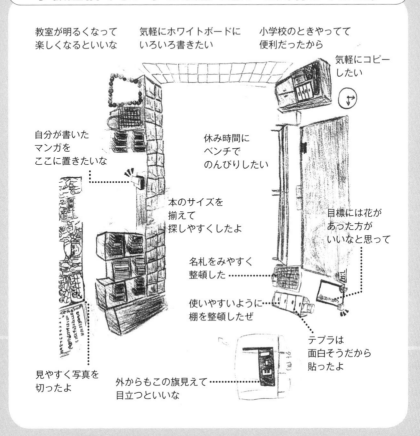

学級通信に教室を上から見た間取り図のようなイラストを載せ、教室のどの部分に誰のどのような工夫が詰まっているのかを紹介してみましょう。

> **ひとことアドバイス**
>
> ビフォーとアフターの写真をたくさん撮ろう。
> 先生が気づかないところにも子どもの思いがこもっています。

13 改善を続けていこう

教室リフォームを続けよう

さて、最初の教室リフォームが終わりました。しかし、1週間後、1ヵ月後、子ども達が変わっていけば、よりよい教室の姿だって同じように変わり続けていくのです。教室リフォームは1回で終わるものではなく、この先も変え続けていくことが重要です。

環境を整え、機会をたくさん作ろう

では、子ども達が教室を変え続けていくことを楽しむには、どんな工夫が必要でしょうか。

そのためには、まずは環境を整えることが大切です。リフォームを体験すると、さらにやりたいという気持ちが子ども達の中に生まれます。その気持ちに応えられるよう、リフォームの材料や道具はすぐ使える場所に用意しておきましょう（安全面の配慮は忘れずに！）。

それから、機会を多く持つことも大事。日常の小さな時間も積極的に活用していきましょう。たとえば、朝の時間。「ちょっとリフォームしてみる？」の一言で子ども達は動き出します。短い時間でも多くの機会を持つことで、「今日はここまでできた。次はこうしていこう」そんな風に思えます。毎回、ビフォーアフターの写真は撮りましょう。写真で比べてみると、意外と大きな違いがあることに気づくものです。右上の写真はがんばって作った机。でもちょっと無骨な感じ……。教室にあった布を2枚かけてみたら、素敵なテーブルに変わりました！

小さな変化を楽しもう！

小さな変化がリフォームのやる気を支える源！

> **ひとことアドバイス**
>
> 完成させることよりも、教室を変え続けていくことをワクワクと楽しもう！

14 周りの先生や保護者に説明しよう

 事前に相談と説明をしよう

　クラスの子ども達が夢中になって取り組む教室リフォームプロジェクト。「すごいなぁ」なんて声をかけてくれる人もいますが、中には「奇抜なことをして……」なんていう風に感じる人も多くいます。

　そう考えると、事前に「情報を共有すること」が大切です。リフォームの意味や目的を身近な仲間に伝えていきます。まずは学年の先生。そして管理職の理解は一番大切です。教室リフォームの意味や目的を伝えれば多くの人は共感してくれます。もちろん安全面やほかのクラスとの関係の中で「できる」「できない」の判断はあるかもしれません。でもそれもまた大切な助言です。身近な人に説明、相談しながらできる範囲をしっかりと決めていきましょう。まずは教室リフォームについて一緒に話してみる。そこからでもいいと思います。

 保護者にも説明をしよう

　保護者のとらえ方も人それぞれです。伝えることで、一番の理解者になってくれることでしょう。実際、クラスの保護者が「目をキラキラさせながら帰ってきて驚きました」と声をかけてくれたり、連絡帳で伝えてくれたりします。目的や価値も学級通信や保護者会で積極的に伝えましょう。必ずといっていいほど、保護者のみなさんも教室を大切にしてくれます。子ども達が作った教室だからこそ、保護者のみなさんも居心地のよさを感じてくれるのかもしれません。

学級通信や保護者会で教室リフォームのことを伝えよう

今日の名言：居場所は探しに行くものではなくて、築くモノではないかと思う

5年2組 学級通信 NO.2　　　文責 伊東綾志　　　2016年4月7日

はちどりのひとしずく

教室リフォームプロジェクト

教室は、誰の場所だと思いますか？ 先生は「クラスにいるみんなの場所」だと思っています。これまで本棚や掲示物、名前シール…ほとんどのものを先生が当たり前のように用意をし、当たり前のように決めていました。でも今回は「みんなの場所だからみんなで決めたい、作りたい」そう思ってみんなと一緒に教室をリフォームすることにしました。"みんなが過ごしやすい教室になるように"自分たちで考えて、飾りをつけたり、休み時間に読書や将棋ができるスペースを作ったり、タブレット用のスペースも作ったりしました。落し物や貸し出し用の棚、デコレーションされた掲示物、廊下の物かけに紐をつけたり名前シールも自分たちで作りました。こうやって一つ一つ自分たちの手で教室を作っていくと、不思議と愛着が湧いてきます。「大切にしよう」「いい場所にしよう」そんな気持ちになります。こういう気持ちをオーナーシップっていいます。オーナーシップを持つとその場所だけじゃなく、そこにいる人や自分も大切にできる。安心して過ごせる場があればチャレンジができるようになります。みんな、楽しそうに作業していました。クラスの居心地や楽しさを考えながら働く時間はとっても素敵な時間となりました。

学級通信で伝えると効果的！

ひとことアドバイス

子ども達の楽しそうな様子を伝えることで、多くの人に応援してもらえる。

15 ルールもリフォームしていこう

 お互いの思いを共有しよう

　教室リフォームを進めていくと、初めに作ったルールをその時の活動に合った形に見直す必要が出てくることがあります。まずは活動を振り返ってみましょう。

　たとえば「教室リフォームをよりよく進めていくために必要なこと」を書いてもらうと、さまざまな声が出てきます。道具の管理や時間の使い方を注意する声が子ども自身からあがってくるかもしれません。

　新しいルールを作る時に、意見が一致しない場合は、あらかじめ期間を決めてとりあえずどれか試しにやってみましょう。

 ルールについて考える機会を持とう

　「のんびりスペースは月曜日・水曜日は男子、火曜日・木曜日は女子、金曜日は使いたい人が自由に使う」子どもからある時こんなルールが提案されました。みんなが納得できたわけではないようでしたが、とりあえず1週間そのルールを試しました。やってみると、誰もいないのに使えない時間ができてしまうことがわかりました。1週間後、再度話し合いが持たれ、「のんびりスペースは譲り合って使う。連続で使っている人は、そうでない人に譲っていく」ことになりました。初めの案を試したことで、今度の案にはどの子も納得ができたようです。その後はうまく譲り合って使うことができました。

みんなで決めた学級文庫の運用

譲り合って使うことになったのんびりスペース

> 💬 **ひとことアドバイス**
>
> ルールは活動に合わせて、その時その時で変えていくものという意識を持とう！

Column 子ども達はどうとらえているのだろう？

　この教室プロジェクトについて子ども達はどのようにとらえているのでしょうか？　ボクが実践していた当時、振り返りジャーナル（毎日帰りに書く、振り返りの日誌）には、教室プロジェクトについてこんなことが書かれていました。

・のんびりできる。落ち着く。居心地がいい。
・勉強の進め方にあっている。
・リラックスできるところがあるのがいい。
・自分達でやるとは考えること。
・ものの配置を相談したのが楽しかった。
・早く帰りたいと思わなくなった。（注：放課後、畳コーナーでおしゃべりして帰る人達がいます……）
・しあわせになる。
・本があると、自然に読むようになる。
・勉強で疲れた時もリラックスできるから、逆に集中できる。
・文具コーナーが便利。自分で自由に使える。
・途中で自分達のアイデアで変えられる。自由さが広がる。
・自分達でやるから、大切にしたくなった。
・スッキリ片づいた。
・友達関係が広がる。
・最初は興奮して畳に集まるけど、そのうちリラックスしたり、本読んだり、勉強に使ったりするようになる。
・グループに机を置くので相談しやすいし、勉強しやすくなった。

　いま読んでも、なかなか本質を突いているなあと思います。

第3章

やってみたら こんなに変わった! 教室リフォーム実践事例

伊東峻志
馬野友之
有馬佑介

1 教室リフォームプロジェクトから見えてきたもの

実践事例①：6年2組の教室リフォーム！

伊東峻志

 4月の教室を眺めてみると

　4月、明日からこの教室に子ども達がやってくる。
　すっからかんの教室。本棚の本も、ロッカーの名前シールも掲示物も何もない教室。
　「今年はゼロからスタートしよう。この場所は子ども達と一緒に作っていこう」
　そう決意した始業式前日の夜。
　ここから6年2組の教室リフォームがスタートしました。
　そして子ども達と作った教室。
　右の写真を見てください。
　「おっ！」っと目につくものから、「え？　何これ？」という謎のもの、そしてぱっと見では気がつかないような小さなリフォームがこの中に詰まっています。

　僕は初め「いかに派手な教室にするか？」が大切だと思っていました。**でも、小さな一つ一つのプロセスや関わりの中に「教室リフォームの意味」があるんだなぁと気づかされました。**
　僕達6年2組のリフォームとその中で見えてきたものを少しだけ紹介します。

最初はこんなからっぽな教室からスタート！

こんな素敵な空間に変わった！

2 実践事例①：6年2組の教室リフォーム！

教室は誰のもの？

そこは誰のための場所なの？

　数年前から、僕は自分主導で読書スペースや飾られたロッカーなど教室環境を居心地よくする工夫を実践していました。僕が僕のやりたいように教室を作っていたわけです。もちろん、これはこれで楽しかったのですが、ある日、考えさせられる出来事が起こりました。

　休み時間、教室の後ろに敷かれたマットでじゃれ合うAくんとBくんの2人、ほかの子達が静かに本を読みたいのに、それを邪魔するかのようにはしゃいでいます。チャイムがなってもなかなか切り替えがつきません。
　その様子を見て僕は我慢できずに「ちょっとさ、けじめつかなすぎでしょ？　君達だけの場所じゃないでしょ？　そんなんだったらこのマットスペースやめようよ。片づけて……」とチクリ。
　2人は申し訳なさそうにマットを片づけています。周りの子達の厳しい目線。2人はどんどん小さくなっていく。それを見ながら「あっ やっちゃった」と思いましたが、時既に遅し。その後ずーっと後悔し続けました。

「あぁ、何であんな風に感情的に怒ってしまったんだろう？」
「もっと別の言い方があったよなぁ」

はじめはそんな後悔でしたが、次第に「そもそもなぜ僕がこのマットスペースという場を取り上げなきゃいけないんだろう？　結局僕はこの"ちょっとおもしろい取り組み"を自分が子ども達をコントロールしたり、惹きつけるために使っていないか？」そんな風に思えてきたのです。
　「そっか、僕は結局、僕だけの判断で僕の場所を作っていただけなんだ」そう気がついたのです。

みんなにとってどんな場所にしたい？

　次の日、子ども達にその出来事について謝りました。そして、
　「みんなにとってどんな場所であったらいいかな？　ぜひ、教えてほしいのだけど……」
　と子ども達の考えやアイデアを出し始めてもらったのでした。そう、そこは「僕」だけではなく「僕」を含めたクラス「みんな」の場所だということを改めて意識した瞬間でした。そして、「子ども達と共に教室空間を作っていくプロセスこそが、子ども達自身の居心地のよい場所を作っていくことにつながるんだ」と気がついたのでした。

3 実践事例①：6年2組の教室リフォーム！
教室リフォームのスタート！

★ まずは作戦会議だ！

　そんな苦い経験もあって、「こういう教室を作ろう！」と僕が設計図を広げるのではなく、「教室はみんなの場所だから、みんなで居心地のいい場所に作っていこうよ」「どんな教室だったらいいかな？」と、子ども達とアイデアを出し合うところから始めました。「設計図を一緒に作る」というわけです。

　「名前シールもありません。掲示物もまだ貼っていません。学級文庫もダンボールに入ったまま。このからっぽの教室をみんなで作っていきたいなと思います。**自分達で居心地のいい場所にするんだよ。どう？　みんなでやってみない？**」

　前日に子ども達に伝えて、アイデアを考えてくることを宿題にしました。
　リフォーム当日、子ども達に「何かアイデアあるかな？」と聞くと、早速Hくんが「将棋スペースがほしい！」と元気よく伝えてくれました。それをきっかけに「読書スペース」「タブレットコーナー」といろんなアイデアが出てきました。
　「タブレットコーナーは、授業の中で何か調べたい時に、教室備えつけのタブレットPCで調べ物ができるように、小さな机と椅子を設置したいです」とAくんがつけ足してくれました。

普段はなかなか発言しないMさんは、控えめに「私、この教室をデコりたいな」と一言。「ん？　デコ？　おでこ？　デコ???」と状況がつかめない僕に、Rさんが「先生、デコレーションだよ。デコレーション！」と丁寧に教えてくれると、みんなで大笑い。
　そんな雰囲気でワイワイいろいろなアイデアを出していきました。設計図を作っている、この状態こそが既にリフォームなんだなぁと思います。
　教室をどうするか、どうしたいかを考えることは、学校という場所で自分が主体的に関わっていくということなんだと思います。

さぁ、リフォームだ！！

　「よし！　じゃあ、みんなで素敵な教室にしちゃおう！」のかけ声と共に子ども達が動き出します。
　始めは遠慮がちだった子ども達もだんだん活動的に、そして夢中になっていきます。不思議とそれぞれがこだわる場所、内容に違いが出てきます。力仕事が好きな子、ひたすら本の配置にこだわる子、飾りやラベル作りを黙々とする子……**それぞれの性格や強みが見えてくるようでとてもおもしろい。**
　最初に動き出したのはマットチーム。
　場所はどこにするか、何枚くらいにするか、相談しながらマットを敷いています。敷き終わるとマットにみんなでゴロゴロ、実に楽しそうです。
　「遊んでないでリフォーム進めなさい！」なんて野暮なことは言いません。しばらくすると、「そうだ！　靴を置く場所を作ろうよ！ビニールテープで足の形を作ってさ……」とか「やっぱりテーブルほしいよね。ここで将棋やったら最高じゃん!?」なんていう風にどんどん発想が広がっていきます。
　本当、一見したら遊んでいるようですが、でも確かにその中で「自分達の場所」という感覚が育まれているようにも見えます。

一方で、女の子は机に座って何やら折り紙を折っています。「色はどっちがいいかな？」「この組み合わせよくない？」なんて言いながら、輪飾りやリボンの形に折られた折り紙が次々とでき上がっていきます。また、画鋲にひたすらマスキングテープを貼っている職人のような子もいます。

　廊下のものかけを工夫している子、テプラで名前シールを作っている子……実にさまざまです。テプラの子は「ずっとこの機械使ってみたかったんだよね。先生だけいつも使っててずるいって思ってたんだ」とポツリ。

　一人ひとりがやりたいこと、こだわりたいことは本当に多岐にわたっています。実は僕、ダイナミックに活動しているマットの子達ばかりについつい目がいってしまうタイプですが、ふと教室全体を眺めると、いろいろな場所でいろいろなリフォームが形となっていく様子は圧巻です。全て内在している教室を目のあたりにすると、この教室リフォームプロジェクトの本質的な価値が見えてくるような気さえします。

秘密基地？　おままごと？　子どもたちの"遊び心"

　中には「これっておままごとだな」とか、「遊びじゃないかな」なんていう風に感じることが多くあります。実用性から考えたらあまり意味のないリフォームです。

　たとえば、「ポンキチとミミの家」と名づけられたぬいぐるみの部屋。小さなマットスペースになぜか「秘密結社」の看板。６年生なのに……でも、実に楽しそう。この「遊び心」もまた必要だなぁと僕は考えています。

　リフォームの中で遊ぶように作ることは、もしかしたら子ども達のオーナーシップを育んでいるんだと僕は考えています。

子ども達の思い思いの工夫が面白い！

ポンキチって何？？　でも楽しそう！

「使いやすく、かわいく」という思い入れが至る所に

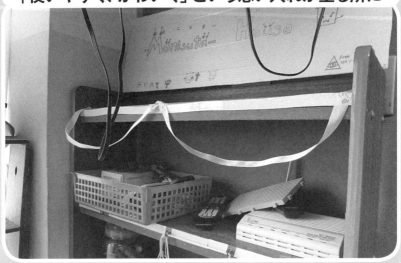

わかりにくいかもしれませんが棚の上にモンスターハウスと名前とイラスト入りボードが置かれ、棚にはピンクのリボンが飾られました。実用性はないけれど、愛着がにじんでいます。

4 実践事例①：6年2組の教室リフォーム！
困ったことを素敵に解決する

「困った！」は一緒に解決

　教室リフォームにあたって、僕の最大の悩みが「廊下のものかけ」でした。体操着、図工袋に音楽袋、上履き袋……実にたくさんの荷物。僕の学校ではこれを1人一つ割りあてられた廊下のS字フックにかけています。どうしてもフックから外れて床に落ちてしまいます。

　作戦会議をしている時に、僕もサッと手を挙げて「あのさぁ、廊下にものかけがあるでしょう？　あそこいつもごちゃごちゃになって困っているんだよね？　どうにかならないかなぁ？　誰かアイデアある？」と子ども達に相談しました。すると「あっ、私やる！」とYさん、そして「僕、いいアイデアがある」とIくんが手を挙げてくれました。

解決できることは「気持ちいい！」

　作業中、様子を見にいくと30cmぐらいに切ったビニールひもを輪にしてフックに結びつけていました。このひもに荷物をとおせばたくさんかけられ、床に落ちることがない……というすぐれものでした。「オォ、すごい！」そう伝えると嬉しそうにはにかんでいました。

　後で聞いた話によると1年生の時から気になっていたそうです。こうして自分の気になっていることを解決できることは「とっても気持ちいい」と伝えてくれました。そうか、学校の中で「気になる」「どうにかしたい」と思っても、気軽に行動に移すチャンスって意外とないのかもなぁと思いました。

ビニールひもで荷物が落ちないすぐれもののアイデア

近づいてみるとこんなふうになっています

　この荷物かけのアイデア、とっても地味ですが、僕はすごく大好きです。Yさんの「どうにかしたかった」っていう気持ちが叶ったということもありますが、「マットや畳といった派手なリフォームだけがリフォームじゃない！」と教えてくれた気がしたからです。

5 実践事例①：6年2組の教室リフォーム！
ぐんぐん成長する教室リフォームプロジェクト！

あっという間の2時間

　最初のリフォームプロジェクトは、あっという間に過ぎていきました。「もっとやりたいなぁ」とつぶやく子ども達。「うんうん、リフォームはこれからも少しずつやっていこうね」と伝えました。

　そして最後に、それぞれがやったリフォームとそのこだわりポイントをみんなで円になってシェアしました。どの子も実に嬉しそうに、そして熱を持って自分のリフォームを語っていました。こうして2時間のリフォームが終わったのでした。

　1週間後、朝の学活の時間に「教室の使い心地はどうだい？」と子ども達に聞いてみました。というのも、「これ、邪魔にならないかな？」「意見が割れちゃって……」というのに関しては「とりあえず1週間試してみない？」と声をかけていたからでした。ここで自分達のアイデアやリフォームを振り返るといった具合です。

　この「とりあえず1週間」はとっても便利で、子ども達のアイデアや行動のハードルを下げてくれるように思います。「うまくいかなかったらまた考えようぜ」そんなメッセージでもあります。こうやってリフォームは1話完結ではなく、繰り返されていきます。そして、生活の中に溶けこんでいきました。

そして、リフォームの時間を超えて

◆休み時間にコツコツと

　休み時間に女の子達が集まって楽しげに作っていた切り絵。パッチワークのようにつなぎ合わせてでき上がったのは、ドアの目隠しでした。「体育の着替えで気になるからさ、でも、紙を貼るだけじゃかっこ悪いじゃん？　おしゃれにしたいなぁと思って、いろいろ考えたんだ」……"おしゃれ"を意識しているのはさすが高学年女子です。

◆毎月更新！　手製カレンダー

　絵の得意な子が毎月、手作りカレンダーを作ってくれています。行事や誕生日、そして今月の一言など、いろいろな工夫があって毎月とても楽しみです。これも知らぬ間に作られ、飾られるようになったプチリフォームです。

◆写真コーナー

　これは２回目のリフォームの時、教室にみんなの写真を飾ろう！　とコルクボードに貼ってくれました。定期的に変わる写真、リフォームが日常に溶けこんでいきます。

◆学習掲示も子ども達が

　国語の物語学習のまとめとして「本の帯作り」をしました。作り終えた子から、思い思いに自分の作品を廊下の掲示板に貼っていきます。すると、「ここにリンゴやチョコレートケーキ（物語のカギとなるもの）を飾ったらかわいいかも」「ねぇ、先生、画用紙頂戴！」と子ども達。

　気づけば廊下の掲示板は子ども達の作品と、かわいらしい飾りで華やかになりました。「あっ、これもリフォームかもな」そう思いながら子ども達の作業する様子を見ていました。ちょうど10月の初めのことです。こうやって自分達の教室を自分達で作っていくことがあたり前になってきました。

◆よし！　リフォームしちゃおう！

　掃除の時間。散らかった本棚を前に「やっぱりさ、みんなが本を手に取れる場所にしたいよね」「本屋さんみたいにこう（平積みに）し

てみようよ」「でもさ、どの本がいいかな？　俺達じゃわからないよ。女子に聞いてみようよ」と子ども達。さらには、掃除を終えた仲間達が一人、また一人とやってきて自然と始まったプチリフォーム。もちろん掃除時間では終わらずに、そのまま昼休みまで楽しそうにやっていました。

　これは、子ども達の中で教室が「自分達でリフォームする場所」になっているんだなと感じた瞬間でした。掃除一つ、かたづけ一つ、どうやったらよりよくなるか？　快適になるか？　そんな視点で教室を眺めている何よりの証拠だと思いました。初めのリフォームプロジェクトは、あくまできっかけにすぎません。こうやって少しずつ文化になっていくんだな。そんなことを教えてくれた出来事でした。

　こうして、6年2組は1年をとおしてリフォームに取り組んできました。

　いまはクラスの誰もが気がついた時にちょっとしたリフォームをしています。いつの間にか掲示物が貼ってあったり、黒板の日づけにちょっとした工夫があったり。こうやって毎日、こんなことをしてくれていたんだなぁと気がつく瞬間に出合います。こういう小さなリフォームがごく日常に溶けこんでいる感じ、すごく僕は好きです。日常の中にあたり前のようにオーナーシップがある、とでもいうのでしょうか。「小さな"いいこと"の累積で世界はできていく」のだとしたら、それがあたり前にあることはとても尊いなと思います。そしてそれこそがこのリフォームのゴールなのかな？　とも思います。

実践事例②：中学3年の教室リフォーム！

1 教室リフォームプロジェクトを導入したきっかけ

馬野友之

「うちのクラス、ごちゃごちゃしている」

　中学校3年生を担任していた2015年10月のある日、放課後に、学級委員のアヤカが1人で、せっせと教室を掃除していました。「どうして急に1人で、そんなに掃除をしているの？」と聞いてみると、

　「馬野先生！（怒）うちのクラスはものが多すぎるんですよ。さっき、学級委員会の話し合いで、担当の先生から、割れ窓理論という話を聞いたんです。そして、ほかのクラスを見て回ったら、ほかのクラスと比べて、うちのクラスがごちゃごちゃしていて、こりゃあダメだと思ったんです。だから、キレイにしているんです。あぁ、もう何なのこの男子の脱ぎっぱなしの服は！（怒怒）」

　確かに、私のクラスはものが多いです。たとえば、ベンチが置いてあります。友人の実践を真似したくて、1学期には子ども達と一緒に勢いで作って置いてしまいました。中3ともなれば体が大きくなるから、ベンチがあると教室が狭く感じてしまいます。

　アヤカ1人で掃除をしているから、なかなか片づかなくて、本人もイライラ。1人じゃ大変だから、明日、みんなでやろうという提案をしました。アヤカは帰り際に、地面に落ちているプリントや脱ぎっぱなしのネクタイを黒板に貼り、メッセージを書き残したものが、右ページ上の写真です。これを書いたアヤカは、まだ完全にキレイになっていない教室を背に、帰っていきました。

アヤカの怒り(?)の黒板メッセージ

放課後に黒板に貼られたプリントやネクタイの落とし物。
翌朝、持ち主達が回収していました。

教室内のくつろぎスペース

教室後方に手作りベンチが6台ありました。40人近いクラスだったので、机と椅子を前に詰めて後ろにスペースを作りました。

2 実践事例②：中学3年の教室リフォーム！
自分達で教室を変えてみよう！

「教室を暮らしやすくしていこうよ」

「アヤカの気持ちを生かしてクラスをキレイにしたいなぁ」と、思い（実際は、「アヤカの怒りがすごかったから、何とかしなきゃ」という思いが強かったような……）、次の日の、学活の時間の冒頭にクラスの子ども達に教室リフォームを提案することにしました。

「みんな、今朝学校に来たら、教室がすごくキレイになっていたでしょ？　あれは、アヤカが1人でキレイにしてくれたんだよ。昨日の学級委員会で割れ窓理論という話を聞いたんだって。（ここで、割れ窓理論の説明）……それで、アヤカはクラスをキレイにしたら、もっとクラスが落ち着くようになるんじゃないか、って思ったんだって」

そして、続けて話をしました。

「アヤカがこんなにイライラするくらい、ごちゃごちゃしている教室じゃなくてさ、もっと教室を自分達の手で使いやすくしていこうよ。自分達が普段暮らしているところなのだから、自分達で考えて工夫して過ごしやすくしていこうよ。自分達の暮らしている世の中は、自分達でよい世の中にしていこうぜ！　ということ。まずは、みんなにとって身近な世の中である教室を、いまからリフォームしてもらいたいと思います」

岩瀬学級の写真をお手本に

　ここで、岩瀬学級の写真をスライドで何枚か見せました。畳があったり、ドアに「湯」って書かれているのれんがあったり、あまりにも従来の教室と違うものだったから、
　「えー！　先生、畳コーナー？　こういうのもありなの!?」
　「すげえなぁ」と、驚きを隠せない様子の男の子。
　「いやいや、さすがにこれはないでしょー」と、まじめな女の子。
　みんな興味津々で写真を見ていました。
　私はいままでに１回も教室リフォームをしたことがないから、正直に言うと不安でした。きっと、みんな大して動いてくれないんだろうなぁ。もっと教室がごちゃごちゃしてしまうかもなぁ。清掃指導を厳しくしてキレイにすればいいやとか。でも、先生がそんなに不安を全面に出していたら、きっと子ども達も動きにくいだろう。先生が、どーんと構えていた方が、子ども達も動きやすいかなぁと思って、
　「先生も、こういうことやったことないから、どうなるかわからないんだけどさ、みんなに任せます！　使いやすいようにやってごらん。何か必要なことがあったら、どんどん言いに来てね！」
　と、ほぼ丸投げをしました。
　ただ、学校目標や学年目標、学校で共通している掲示物を残しておくことや、必要最低限残しておいてほしい掲示物を伝えて、いざ開始しました。
　いま、振り返ってみると、何の下準備もせずによく勢いだけでやったものだなぁと思います。

3 実践事例②：中学３年の教室リフォーム！
子ども達の自由な発想に驚く

給食の献立表の巨大化

　担任の心配をよそに、開始と同時に子ども達は、勢いよくみんな動く動く。こっちが驚いて、ポカーンとしてしまうぐらいでした。

　残り時間40分。この学活の時間（50分）だけでは、時間が足りないなぁ、というのがわかりました。**でも、まずは一歩を踏み出すことが大事なので、途中で終わってしまってもいいや、という気持ちで子ども達のことを見守っていました。**

　一番最初に、私のところに来た男の子が言いました。

　「先生、献立表を拡大してきてください！」

　「え？　拡大したら、ただでさえ少ない掲示スペースが少なくなってしまって、ほかに貼りたいものが貼れないじゃん」と思ってしまう自分もいたのが事実。でも、子どもに任せると決めたのだから、そうは言いません。

　「OK！　ところで、どうして拡大したいの？」

　「いつも教室の横に献立表は掲示されているけれど、小さくてわざわざ近くにいかないと見られないんですよー。拡大して、いつでも見られるようになったら、その給食の献立を楽しみに授業をがんばれるようになるんです！」

　なるほど。たまに自分の机の前や横に給食の献立表をセロテープで貼る子がいたのは、そういう理由だったのかと気づきました。

給食の献立表を模造紙1枚のサイズに！

給食大好き、おかわり大好きな男女数名が、この献立表の前に集まって、楽しみにしているメニューに、ペンで印をつけていきました。
「これで学校来ることが、もっと楽しくなるーー♪」と、ものすごく楽しそうです。こんなアイデアは、私には思い浮かびませんでした。

ホワイトボード用のペンを色別にすぐ取れるように分別

クラスに大量にあるホワイトボード用のペンを、仕分けする男子達の様子です。気づいたら活動していました。とくに担当も決めていなくて、最初はウロウロしていた子達でしたが、自然と自分の仕事を見つけることができました。

4 実践事例②：中学3年の教室リフォーム！

大きなホワイトボードを設置

校務員さんの力も借りながら

　気づいたら、子ども達は気持ちのよいくらい勢いよく、どんどん教室の横の掲示物を剥がし、捨て始めました。

　たとえば、どんなものを捨てていたかというと、「過去の座席表」です。「過去の座席表」を古い順に並べて、私が掲示していました。そこにこめた思いは、過去の座席表を見ながら、こんな座席の時もあったよなぁ、ってノスタルジーに浸ってもらいたかったというものでしたが、子ども達にはまったく必要がなかったようです。いま振り返ってみると、私が一所懸命に作ったクラス環境やクラスの掲示物について、「何でそれを作ったのか」という思いは、いままであまり語ったことはありませんでした。

　子ども達は、必要最低限のものは、残してくれているのでOKとしました。

　その座席表を剥がした後に、ホワイトボードを設置する男子が2名。校務員さんから、釘やドライバーを自分達で借りてきて、固定しました。ホワイトボードに傷をつけないように、どう固定したらいいかを考え、少し釘を出しておいて、その上にホワイトボードを載せるという工夫をしていました。

先生以外のいろいろな「大人」と接すること

　このホワイトボードを壁に設置する時に、子ども達は普段なかなか

話す機会がない校務員さんと接していました。子ども達にとって、先生以外のいろいろな「大人」と接することは、とても大切なことです。

中学生は、これから先の進路を考えていく時期です。そのためにも、「保護者」や「先生」だけではなく、いろいろな大人のモデルと関わっていってほしいと私は願っています。

このリフォームの活動は、さまざまな大人達と関わることができるよいきっかけにもなります。普段は気づかない先生達の魅力や特技を発見することにもつながりそうです。

教室の横の壁に紺の模造紙を壁紙の上に貼り、そこに大きめのホワイトボードを2枚設置しました。それぞれのホワイトボードの下の両端に1つずつ釘をさして、2つの釘の上にホワイトボードを載せています。

5 実践事例②:中学3年の教室リフォーム!
アイデアが次のアイデアを生む

どんどんアイデアが生まれる

　教室の壁にホワイトボードを設置しているのを見ていた女子が、新しいアイデアを思いついたらしく、「先生、トイレットペーパーの芯がほしいから持ってきてください」

　たまたま保健室の先生の協力を得られて、たくさんもらってきました。その芯を利用して、ホワイトボードマーカー置き場を作っています。何ともかわいい雰囲気になりました。さらにアイデアが浮かんだ別の女子。席替えのくじ引きに使う割り箸入れを作ってくれました。前までは、ただ男女別に割り箸を輪ゴムで留めてあるだけでした。

　きちんと準備をしないで、教室リフォームを始めてしまったのですが、子ども達の力に驚かされる時間でした。子ども達は、私が思っているよりも、ずっと自由な発想でアイデアを生み出し、そのアイデアが次のアイデアを生んでいきました。

　彼らがせっせと活動する間、私は写真を撮りながら様子を見ていたり、頼まれた材料を職員室に取りにいったりしていました。あまりに子ども達がよく動くものだから、私がしたことはコピー機代わりのプリンターの置き場所を決定しただけです。ベンチをサークル状に置こうと運んでいたら、「ロッカーの前に置かれると、荷物をしまいにくいです」という意見があって、教室の横に設置しました。

トイレットペーパーの芯で作ったホワイトボードマーカー置き場。2本ほど入ります。

トイレットペーパーの芯に「Boys」「Girls」と書いた画用紙を貼り、くじ引きの割り箸を入れています。

教室内の廊下側にベンチを設置。

先生が持ってきたプリンター。子ども達はこのプリンターで、学習プリントをコピーしたりしました。

第3章　やってみたらこんなに変わった！　教室リフォーム実践事例　87

6 実践事例②：中学3年の教室リフォーム！
子ども達の振り返りとその後

 子ども達の振り返りジャーナルより

- なんだか、教室が前よりも使いやすくなった気がします。片づけたから、すっきりしたし。良い感じだと思います。
- リフォーム楽しかった。少しきれいになった気がする。
- ホワイトボードの位置や大きな献立表が現れて、おもしろかった。でも、前よりかは生活しやすくなってよかった。
- 本の整理とても楽しかったです。
- きれいになりました。気もちよかったです。
- 教室リフォームをして、とても気持ちがよくなりました。
- すごいみんな協力しててよかったです。だんだんきれいになってて、よかったです。うれしかったです。
- リフォームはだいぶ教室がきれいになった。
- 教室リフォーム楽しい。あと、すっきりした感がすごい。
- ふつうな教室じゃなくて、オリジナルな教室にしたい。
- 教室がめっちゃきれいに生まれ変わった感じがした。

　リフォームの目的と価値が、「教室をキレイにする」というようなメッセージとして伝わっていたようです。もっと丁寧に、目的や価値を最初に伝える必要がありました。ですが、その後の子ども達の行動には次第に変化がありました。

この4日後の変化、合唱祭の練習についてのミーティング

　教室リフォームプロジェクトの力をとくに感じたのは、その4日後のことだったので、その日の出来事を紹介します。

　リフォームの4日後、合唱祭の練習について、自主的に昼休みにミーティングが開かれました。廊下にベンチを置いて、サークルになっていました。私は、ただずっとみんなの会話に耳を傾けていました。合唱祭実行委員のリュウタが、まず口火を切りました。

「ここでガチでやらなかったら、最後の行事じゃない。やる気なかったり、集中できないとか、声出ないとか。これから、どうしていけばいいかな？」

　リュウタは、みんなをグイグイと引っ張っていくタイプ。だけれども、今日の話し方は少し違っていて、みんなにどうしていけばいいか、を聞くスタイルでした。全員が意見をたくさん言えたわけではなかったけれども、意見を言えなかった人もじっくりほかの人の意見に耳を傾けて聞いています。

「朝練もどうにかしたい。来た人から、しっかり準備していこう」
「いままでの練習をこなすだけではダメだと思う」
「集中すればいい。歌っている時、笑う意味がわからない」
「いいリラックスとダメなリラックスがあって、そのラインがきっちり引けてないよ」
「みんな歌っているって言うけど、全然歌えていない。自分では歌っているって言うけど」
「みんなが（声を）出してないから、1人がミスって、あーあーってなっちゃう。みんなが出せばみんなが出す。どうやったら、みんなが出すか」

　最後に、リュウタが言いました。

「ここで、話したことが、話したことだけで終わらないで。話し合

ったことを、合唱に入れてくれれば、もっと歌が伸びてくる。一人の意見は、みんなの意見なんだよ」

ただ居心地のよい教室の環境を作るだけではない

　この出来事があった日は、私にとって教室リフォームプロジェクトの見方が変わった1日でした。教室リフォームプロジェクトは、単に教室の環境を整備して、自分達が居心地のよい暮らしやすい

教室を作るためだけのものではありませんでした。教室リフォームプロジェクトで作られるのは、「いろいろなことを自分達の手で作り上げていこう」とする、子ども達の考え方でした。

　もちろん中3で合唱祭も3回目なので、最初から自主的にやっていこうという意識もあったでしょう。だから、たまたまミーティングで、そのような雰囲気になったのかもしれません。

　ただ、うまくは言えませんが、明らかに自分達で合唱祭を作り上げていこうという気持ちが、教室リフォームをする前とした後とでは、違っていました。

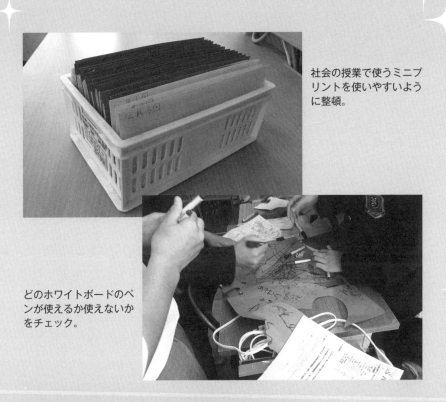

社会の授業で使うミニプリントを使いやすいように整頓。

どのホワイトボードのペンが使えるか使えないかをチェック。

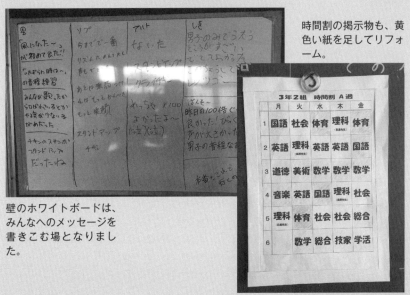

時間割の掲示物も、黄色い紙を足してリフォーム。

壁のホワイトボードは、みんなへのメッセージを書きこむ場となりました。

第3章　やってみたらこんなに変わった！　教室リフォーム実践事例　91

7 実践事例②：中学3年の教室リフォーム！

目には見えない子ども達の気持ちを大切にする

 子ども達の振り返りから見えたこと

　翌年は中1の担任。4月から教室リフォームをしました。やはりさまざまな子ども達のドラマがありましたが、その中でも忘れられないエピソードを紹介します。

　子ども達が帰った教室で、私はみんなが書いたその日の振り返りを読みます。私から見えている子どもの様子と、子どもが心で思っていることが全然違っていて、大きく反省したことがありました。

　たとえば、タケシ。ものすごくまじめで、何事にも一所懸命な男の子です。ひたすらに、クラスの旗を作っていました。せっせと、壊れたホワイトボードの廃材部分と布で旗を作成して、完成させ、ほかの生徒が「出陣だ〜〜〜」と、旗を振り回して遊んでいました。私は2人でふざけていると思っていました。

　以下が、タケシが書いた振り返りジャーナルです。

> ぼくは教室リフォームをして、最初は、「えっ？」と思ったけど、先生の話を聞いていくうちに、とても楽しみになってきました。もちろん、アイデア通りにはいかず……、でも変な旗を作ってろうかにけいじしました。多分とても変で笑ってしまうと思います。ぼくがイメージしていた中学校とは全然違う感じでとても楽しいです。入学式の日の緊張はなんだったんでしょうか……。まだ完全にリフォームは出来ていないと思うので、もっとよりよい1年3組にするためにみんなで協力していきたいです。みんなに笑顔がみれて、不

安もなくなったので、明日から本格的に始まる授業、定期テストを
しっかりがんばっていきたいので、改めてよろしくお願いします。

タケシが作成した旗。
廊下の掲示スペースにテープで貼られ
ていました。

　次は、モカ。慣れない新しいクラスでの生活に不安そうな女の子。
最初は、そこまでリフォームには乗り気ではないように見えて、私は
心配しながら見ていました。モカの振り返りジャーナルにはこんなこ
とが書かれていました。

リフォームをして自分達の教室ができたなぁと思いました。自分達
が作ったから、使いやすいと思います。完成を見て、ユニークだな
ぁと思いました。何となく気に入りました。私は、Uちゃんと、Y
ちゃんとファイルを壁一面に貼りました。これに、シールとかファ
イルに貼ってみたいね！　とか話しました。自己管理で無くしそう
なプリントをこのファイルに入れて管理できます。「使いやすい」
です。これが私達が１年間使う教室なんだなぁ、という気持ちです。
使いやすかったらいいなと思います。

モカ達が作ったプリントなどをしまう
ファイルスペース。学年で揃えて購入
した掲示用ポケット作品ホルダーを使
いました。

できあがった教室は、まだまだ未完成なもので、私は、「もっと効率よくいろいろできたのになぁ」という思いもありました。でも、子ども達の心には、いろんな大切な思いがあるんだと気づきました。
　以下に、子ども達が書いた振り返りをいくつか紹介します。

・楽しかった。色々なものを見つけて、はって、面白かった。今までより明るくなったような気がする。ベンチやホワイトボード×３、カレンダー×２など、色々増えて、自分たちのクラス！　って感じがした。
・教室がきれいになり、とても良いきぶんです。リフォームをしてから、まだ使っていませんが、また気になる所があれば、またやりたいです。これで、３組の仲が深まった気がしました。これからも、この教室でいて、続けたいです。そして、クラスの工夫もできて良かったです。
・難しかった（１つ作るのにまるまるかかりました。）面白かった。（自分たちの好きなようにして、クラスをもっと楽しくできることが楽しかったです。）
・リフォームをして、みんなで仕事を頑張って自分達なりの暮らしやすいクラスになったと思います。これからが楽しみです。
・なかなか自分達の思う通りにならないのが現状かな。でもキレイになった所もあったし、便利になった所もあるから、次からもドンドコドンドコやれば必ず良い教室になると思う。
・教室も片付いたし、自分達だけの独特な教室になったので、今まで以上にワクワクしています。１年間楽しく過ごすことができる気がします。
・私はリフォームをどうやってするかを友達と決める時、たくさん話すことができて良かったです。これから、どのようなクラスになるのかますます楽しみになりました。

また、1学期の終わりに、1学期を振り返ろうという用紙を子ども達が書いていました。そこに、好きな教科とその理由を書く欄がありました。ある子が、こう書いていました。
　「学活。一人ひとりが協力してはなしあい。これからの私達のクラスをどうしていくか決める」これを読んだ時に、教室リフォームで伝えようとしてきた、自分達の手でクラスを作ろうということが、子ども達の心に届いているのだなぁと感じました。
　思い返せば、初めての勤務校での1年目の時に、次の日に授業参観と学級懇談会があるから、教室をキレイにしなきゃ！　と、せっせと夜遅くまで残って掲示物を作っていたことがありました。
　その時、先輩の先生に、
「そういうことは、子ども達がやってこそ意味があるんだから、そんなに先生自身が一所懸命にやらなくていいんだよ」
と、言われました。

　この時、私が思ったことは、
「掲示物を子ども達に任せたら雑になっちゃうじゃん」
「子ども達が作ったら時間かかって効率悪いし」
「保護者に掲示物が素敵なよいクラスですね、って思われたい」
ということでした。

　何のための教室環境作りだったのか、とその当時の自分を振り返ると「自分のため」でした。いまは、教室リフォームを子ども達と一緒にやって、子ども達の気持ちを知ることで、教室環境作りは「子ども達のため」という気持ちが強くなりました。
　目には見えない子ども達の気持ちを大切にすること。このことを忘れずに、これからも教室環境を一緒に作っていこうと思います。

1 実践事例③：横山先生のクラスの教室リフォーム！
ロッカーの位置を任せて気づいたこと

有馬佑介

 ロッカーの番号をおそるおそる剥がす

　「子ども達の自主性を伸ばしていくのに、何かいい方法ありますか？」夏休みの半ば、そんな相談を6年生の担任の横山優紀先生から受けました。そこで僕は自分がやってみたいと考えていた教室リフォームプロジェクトを紹介することにしました（僕は教務主任で学級担任ではなかったのです）。

　2人でほかの人の実践の様子がわかる写真を見ながら、小1時間相談をしました。「これは、子ども達が成長しそうですね。やってみましょう」という横山先生の言葉が力強かったのを覚えています。僕も協力していこうと決めました。

　でも、何もかもが初めて。どうしていいかわかりませんでした（この本もなかったですしね……）。「子ども達が自分達で自分達の教室を作っていく」その言葉をヒントに、思い切って子ども達のロッカーに貼ってあった出席番号シールを2人で剥がすことにしました。

　それは、どのロッカーを誰が使うかを子ども達に任せることを、教室リフォームのスタートとするという横山先生の決意の表れでした。

 子ども達には力があるという実感

　夏休み明け、教室を覗きにいくと、戸惑う子ども達の姿がありました。だっていままで先生が決めていたロッカーの位置を、自由に選んでいいって急に言われたのですから。でも、子ども達の表情は少しず

つ戸惑いからワクワクに変わっていって……職員室での朝礼を終え、教室に戻った横山先生の目に映ったのは、いつもと変わらず着席して朝の会を進める子ども達の姿だったそうです。ランドセルは1つ残らずロッカーにキレイにしまわれていました。自分達で場所を話し合って決めることができたそうです。

「子ども達はできるのだ。番号に頼っていたのは僕自身だったことに気づいた」その日の横山先生の日記にはこんな言葉が綴られました。

自分の思いこみを立ち止まって考え直してみること。それこそが教室リフォームプロジェクトの第一歩となったのです。

自分の思いこみもリフォームしよう！

何も貼られていないロッカー。
それでも、全員の荷物をキレイにしまうことができました。

2 実践事例③：横山先生のクラスの教室リフォーム！

本棚の本を入れ替えてみよう

 教室リフォームプロジェクト開始！ でも……

　横山先生は教室リフォームプロジェクトについて早速子どもたちに説明しました。ロッカーの位置を自分達で決めたことは子ども達のよい成功体験になっていたようです。自分達で自分達の教室を居心地よく変えていく、その言葉にみんな乗り気になりました。でも、何から手をつければいいかわからない不安や戸惑いも一方では感じられます。何だか楽しみなような、そうでないような複雑な雰囲気です。うまくいくのでしょうか？　さぁ、どうする？

 小さな経験を積んでいこう

　まずは付箋を使ってみんなで多くのアイデアを出し合いました。その中で、できることから始めてみることにしました。初めにやったこと、それは教室にいくつかある本棚の本を、みんながもっと使いやすくなるように入れ替えていくことでした。

　「学習漫画は人気だから、みんなが取りやすい位置ね」「国語辞典は教室の前と後ろに半分ずつ置こう」「ここはまだ余裕があるよ。みんなで本を持ち寄ってきてつけ足したい」「あっ、私持ってきたい本がある！」たかが本棚、されど本棚。みんなの使いやすさを考えながら、何度もやり直しながら本が入れられていきました。「最初聞いた時には、え？　と思ったけど、やってみたらイメージがわいてきました」そんな振り返りが子ども達から出されました。うん。よい感じ。

不安や戸惑いを解消するには、まずはやってみること

「この本はどこに置いたらいいかな？」
「あっ、これも一緒に置いてよ！」
活動の中で自然な関わり合いが生まれていきます。

やるなかでどんどんきれいに！ イメージもわいてくる

「辞書は手が届く場所がいいよね」
ほかの人のことを思い浮かべながら活動は進みます。

3 実践事例③：横山先生のクラスの教室リフォーム！
たっぷりの時間がリフォームを加速させる

 図工室での２時間

　本棚のリフォームは子ども達にリフォームの楽しさを感じさせたようです。どの子もさらにリフォームを進めたくてうずうずしている様子。そこで横山先生は図工の先生と相談して２時間続きの図工の時間をリフォームのために使うことにしました。

　すると子ども達が一気に動き始めました。学校中を回って集めてきた段ボールを並べてベッドにしたり、手先の器用な養護の先生と一緒に手縫いで枕を作り出したり、図工室の奥にあった廃材にやすりをかけてちゃぶ台を作り出したり……僕達の想像をはるかに超える勢いで子ども達は活動を進めていったのです。その様子には、横山先生も図工の先生も、それから僕もびっくり。

　２時間の図工の時間で、たくさんのものが一気にでき上がりました。それらを教室に持ち帰ると、いつもの光景が一変しました。黒板横の掲示板には「くつろぎスペース」と彫られた札がかけられ、手作りのマスコットがほほえんでいます。足元にはちゃぶ台と肘置きが置かれ、名前のとおりくつろぎの雰囲気を作り出しています。ロッカースペースの間には何と段ボール製のベッドが！　ふかふかの枕を使いながら寝そべっている子が手を振っています。それは世界で一つだけのクラスの光景でした。そして子ども達はさらにソファやシーツを作る計画を立てています……たっぷりの時間と没頭できる環境が、子ども達のリフォームを一気に加速させました。

子どものやりたい気持ちに、時間と環境を用意することで応えよう

図工室の工具とそこにあった廃材でちゃぶ台作り。
どの子どもも真剣なまなざしで作業をもくもくと進めました。

「あ～ここ、くつろげるなぁ～」

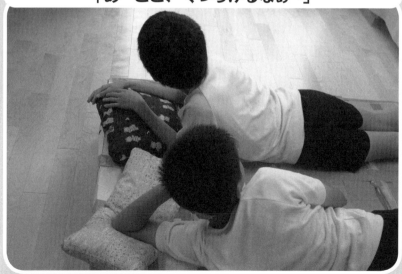

でき上がった枕とベッドでくつろぐ2人。

4 実践事例③:横山先生のクラスの教室リフォーム!
学校で一番好きな場所はどこですか?

 子ども達の好きな場所

　ある日、リフォームを進めている6年生の教室に、4年生が数名きょろきょろとあたりを見渡しながら入っていくのが見えました。ちょっと緊張しているよう。お世話好きな6年生がすぐに近寄っていきます。「どうしたの?」「国語の授業でアンケートをとっているんです。このクラスの人達は、学校のどの場所が好きか教えてください」そう言って、手書きのアンケート用紙を人数分置いていきました。すぐに帰りの会で記入しました。子ども達が帰った後に、こっそり中身を見てみると、そこには驚きの結果が表れていました。
　何と36名のうち、実に30名が、好きな場所を「くつろぎスペース」と書いていたのです。
　そこは教室の一画にある場所。子ども達が教室リフォームプロジェクトの中で作り上げた場所です。床にはマットが敷かれ、靴を脱いで過ごせるようになっています。
　休み時間ごとに子ども達はそこで思い思いの過ごし方をしていました。本を読んだり、おしゃべりをしたり。座っているのは段ボールで手作りしたソファ。そこにかけられたカバーもミシンを使い作ったものです。トランプをして遊んでいる姿もよく見かけます。トランプのカードを置くテーブルもまた、子ども達の手作りのものです。どの休み時間に教室を覗いても、くつろぎスペースには子どもの姿がありました。

子ども達にとって特別な場所になっていることは感じていました。しかし、クラスのほとんどの子が、学校のお気に入りの場所としてくつろぎスペースを挙げるとまでは思っていませんでした。まさかそこまでとは。自分達で作った場所というものが、どれだけ大きな愛着や思い入れを生み出すのか、それを感じずにはいられない出来事でした。

くつろぎスペースを取材される

　この結果に驚いたのは、横山先生や僕だけでなかったようです。後日、再び4年生がやってきて、「くつろぎスペース」の詳細な取材をしていきました。「すげー！」とか「いいなー！」という4年生の声が上がるたびに、ほこらしげな表情を浮かべる6年生。「これも手作り？」という質問に「もちろん。これはね、こうこうこうして、それで……」と鼻高々に説明をしています。

　「僕達もやりたいなぁ」と言いながら4年生は帰っていきました。学校にリフォームの輪が広がっていくことも、そう遠くないかもしれません。

リフォームの経験が教室をもっと大切な場所にしていく

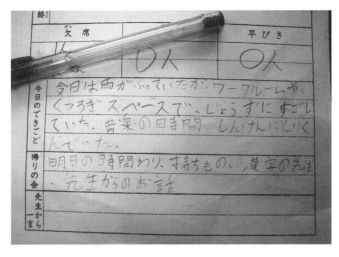

ある日の日直が書いた学級日誌。くつろぎスペースが子ども達の生活の一部になっていることが伝わってきました。

5 実践事例③：横山先生のクラスの教室リフォーム！
教室リフォームが育てたもの

ある日の日記から

> 今日は担任の先生がお休みした。いろいろな先生が次々にやってきて、おもしろかった。一番おもしろかったのは6時間目だ。私が言ったらおかしいかもしれないけれど、6年1組のチームワークはすごいと思った。なぜかというと先生がいなくても、みんなだけで力を合わせて教室リフォームのためのいろいろなものを作ることができたからだ。このまま先生がいなくても、6年1組は平気かもしれないと思える1日だった。（やっぱりいないとさびしいと思ったけど。）

　この日記を読んで私は、思わず頬がゆるんでしまいました。そこには教室リフォームを通じて子ども達に感じてほしいと考えていたことが書かれていました。自分達の生活をよりよくする力が自分達にはあると信じること。Sさんはそれを感じ、日記に書いてくれたのです。

　初めはどうなるか不安もあった教室リフォームですが、いまはそれが子ども達を成長させていくことに疑いはありません。楽しそうに取り組む子ども達の表情がそれを物語っています。これからもこの活動が続き、そして校内にも広がっていってほしいと思います。

◆子ども達の声
・僕は教室を飾りつけるものを作った。たまに失敗をしていたけれど、

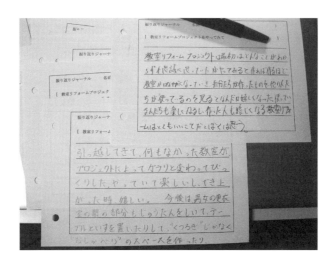

　作り終わった後に「自分達にこんなものが作れるんだ」と思った。
・やっていくうちにどんどん楽しくなっていって、次はこんなものを作りたいな、などと次々にアイデアが浮かんでくるようになった。
・リフォームはすごく楽しい。クラスのみんながいろいろな意見を出して、どんどん作って、クラスのみんなの心が一つになった気がした。
・最初は想像もできなかったけれど、みんなで教室をよりよいところにしていくことはとても楽しかった。
・始めるまでは実感がわかなかったけど、リフォームを始めて、じょじょにスペースが完成し始めると「こんな場所が実はほしかったんだ、必要だった」と気づき、やってよかったと思った。
・これからは6年だけじゃなく、ほかの学年など学校全体に広がっていってほしい。みんなで楽しみたい！

◆担任の声
・やる前は不安があったが、実際にやってみると、自分の創造を超えた子ども達の姿に驚いた。自分達で意見を出し合い、考え、進める姿……教室がみんなのものになったと感じた。子ども達はすごい！

Column 「やってみてから考える」試行錯誤のススメ

　人は先が見えないと不安で一歩を踏み出す勇気が出ないことがあります。それでも、まずはやってみましょう。教室リフォームで使える道具を目の前にして、仲間と話しながら、手を動かしながら試行錯誤していくことで、新しいアイデアが思い浮かびます。大人も子どもも机上だけで物事を考えるのではなく、現場で物事を考え、試して、その結果から改善していくことが大切です。

　壁かけ用のホワイトボードの周りに、カラーボールをセロテープで飾りつけた子がいました。セロテープの粘着力では、すぐ落下してしまうだろうなぁ、と思いましたがあえて何も言いません。案の定、次の日の朝には、ほとんど全て地面に落下。次は、ガムテープで飾りつけていましたが、また数日後にはほぼ全て落下。

　朝のうちにサッと片づけることは簡単ですが、私は、あえて掃除をせずに、そのままにしておきました。無残に転がっているカラーボール達。その失敗から、子ども達は新しいアイデアを生み出せるだろう、と私は期待していたので、見守ることにしました。

　その後、子ども達は全てのカラーボールを拾って片づけてしまいました。「あれ？　カラーボール、あきらめたの？」と聞いてみたら、「カラーボールをつけて雰囲気を明るくしたかったんですけど、ほかの方法でも明るくできると思うので、そっちでやってみます」という返事が返ってきました。

　失敗した時こそ、「どうしたらもっとよくなるだろう？」と、試行錯誤して改善するチャンスです。子ども達は、そこからグングン学んでいるのです。

第4章

子どもの主体的・対話的な学びの場を作るために

有馬佑介
伊東峻志
馬野友之

1 学習環境の重要性

「隠れたカリキュラム」が与える影響

　子ども達は、学校で学習活動以外にも、さまざまなことから学んでいます。いわゆる「隠れたカリキュラム」です。小中学生は、1日の3分の1以上を教室で過ごしているのですから、その教室の学習環境は子ども達に何らかの影響を与えています。

　たとえば、日本の一般的（?）な教室では、「全員が前を向き、先生の話を全員が同じように聞いて学ぶ」という学び方を身につけていくことになります。

　また、中学校の職員室でよくある会話で、「中1は、活発に意見を言うんだけど、だんだん意見を言わなくなってくるんだよね〜」というものがあります。受け身で学ぶことがあたり前という学習環境で学び続けてきたわけですから、そうなるのも無理はありません。

　主体的に学ぶ生徒を育てようとするならば、授業内容だけでなく、学習環境も主体的に作る必要があります。

一人ひとりに個性があるように、
　　学び方も人それぞれ

　ハワード・ガードナー教授の理論にMI（マルチプルインテリジェンス、多重知能）理論という考え方があります。人間の知能には8つの知能（言語的、論理数学的、音楽的、身体的、空間的、対人的、内省的、博物的知能）があるというものですが、現在の授業スタイルだ

とこの８つの知能のうち、言語・語学知能ばかりを重視したものになってしまいがちです。

ですから、「教室リフォームプロジェクト」で、学習環境を整える中で、子ども達は、自然と８つの知能を使いこなして、自分達が学びやすい学習環境を作る体験ができること目指します。

図書室をリフォームして授業をすることに

筆者の一人の勤務校は大規模校なので、社会科専用の教室はありません。

中学校１年生の２学期、３回目の全員面談時に「この教室にどのようなものがあったら、もっと勉強がはかどるか？」と聞くと、多かった回答は、「教科書の語句をもっと調べられるような用語集がほしい」「インターネットで、いつでも調べたりしたい」「静かに勉強できるようにしてほしい」「もっと発展的な問題集に取り組みたい」でした。

この条件を満たすために、図書室に問題集も常設して社会科コーナーを作りました。パソコン室から、タブレットを借りてきて図書室に常設したので持ち運びも楽になります。イヤホンを準備して、ほかの人の邪魔にならないように、動画学習をする子も現れました。

図書室は自然と向かい合うような机のために、気軽に相談できます。また、大きなホワイトボードで仕切れば、個人スペースができて静かに勉強したい人が集中することができます。このように、それぞれの学び方に合った学習環境を作っていったのです。

さまざまな選択肢を自由に選べることで、子ども達の学ぶ意欲が向上しました。

多様な選択肢から自己決定できる学習環境が「隠れたカリキュラム」として機能し始めたのです。自分の学びに責任を持って、学び続ける子ども達を育てることができます。

2 自らの手で学習環境を改善していくことの価値

 私の学びやすさと相手の学びやすさは違う

　教室リフォームを経験した子ども達は、自分達で日常の学習環境を変えていくようにもなっていきます。しかし、自らの手で学習環境を改善していくと対立がよく起こります。たとえば、こんな感じです。「今日の授業は、みんなで話し合いながら勉強する方がやりやすいから、机の向きはずっと４人班の形にしたいなー」「えー、私は１人で静かに集中して勉強できる方がいいなぁ。４人で集まって勉強していたら、関係ない話とかが始まって、うるさくなるに決まってるじゃん！」

　このように、私の学びやすい学習環境と、相手の学びやすい学習環境は異なるということが、教室リフォームプロジェクトでは浮き彫りになります。これは、チャンスです。お互いの自由を尊重し、折り合いをつけていくきっかけになります。

　私の学びやすさと、あなたの学びやすさは違うよね、じゃあ、お互いが納得いくような学習環境を作るためにはどうしたらいいだろうね？　と、お互いが納得するような方法を考えていきます。「４人班でワイワイ」か「１人で静か」にか、のどちらか一方しか選べないのではなくて、お互いが納得するということがポイントです。この例に挙げたような事例では、「班で勉強するスペース」と「１人で勉強するスペース」を作って、ホワイトボードでそれぞれを仕切るという方法で、ひとまずお互いに納得しました。

　人は、一人ひとり違うのだから、対立することもあります。それを

話し合いを重ねて折り合いをつけていくという相互に承認し合う貴重な経験が、教室リフォームプロジェクトではできるのです。

やがて自分の住んでいる地域や国、世界をよくしていく力に

「今日はクラスレクをやるけど何にしようか？」とクラスの子達に聞きました。すると、力が強くて体の大きなある男の子が、「オレ、ドッジボールがいい！　なぁ、みんなそうだよな？」そして、多数決の結果、ドッジボールに決定。何だか、うつむき加減で納得していないような表情もチラホラあるけれども……。

こういうことを繰り返していくと、「僕が意見を言ってもどうせとおらないし」「私が意見を言わなくても誰かが決めてくれるよね」と考えるようになってしまいます。

でも、私達が作りたい未来の社会は、そういう社会ではないはずです。さまざまな歴史を振り返ってみても、一部の影響力の強い人だけが作っていく社会には、幸せな未来が待っているとは、到底思えません。

小学生や中学生にとって、多くの時間を過ごす教室。その教室という身近な社会を、一部の人だけで作るのではなく、自分達の手で、よりよくする。ちょっと大げさかもしれないけれども、そんな小さな経験を積み重ねていくことが、住んでいる地域や国、世界をよくしていくということにつながっていくと、私は、そう信じています。

3 教室リフォームが人間関係にもたらす影響

 段ボールソファ作り

　ある日の休み時間、仲よしの男の子が３人、何やらゴソゴソ始めていました。どうやら、いくつかの段ボールを使い、人が並んで座ることのできるソファらしきものを作ろうとしているようです。どこからか手に入れた段ボールを、これまたどこからか手に入れたガムテープで貼り合わせています。見た目は残念ながらいまいちに映りますが、やっている３人はとても真剣。楽しそうな雰囲気に誘われて、その様子を何人かの女の子が覗いています。

　そしてついに完成！　嬉しそうな３人。誰が初めに座るのかじゃんけんが始まりました。勝った１人が手をグーの形のまま喜びのガッツポーズ。大きな笑みを浮かべながらソファに腰かけていきます……あぁ！　つぶれてしまった！　３人は先ほどの表情から一変して、とても悔しそうです。周りで見ていた子ども達も何だか悔しそうです。

　「段ボールをもう少し多く使って、中を補強すれば座れるようになるんじゃない？」１人の男の子が言いました。顔を上げる残りの２人。「座れるようになるまでがんばろうぜ！」いいなぁ、その気持ち。失敗を次の成功のための糧にできるようになったことは、教室リフォームをやってよかったことの１つです。「でもさぁ、もう段ボールなかったよ……」とうなだれる３人。その時です。「私、〇〇先生が段ボールを持っているのを見かけたよ」周りで見ていた女の子の１人が声を上げました。途端にぱっと明るくなる３人の表情。「ありがとう！

早速取りにいこうぜ」「私達も一緒にいく！」あれれ、気がつくと女の子達もソファ作りを一緒に始めていました。

思わず一緒にやってみたくなる

　こんな光景が、教室リフォームの中ではあちらこちらで日常的に見られます。誰かが何かを始めると、さまざまな子ども達が一緒に参加していくのです。そして、「いつもの仲よし」という関係性を超えたつながりが、教室リフォームではあたり前のように生まれます。これはなぜなのでしょうか。

　それは教室リフォームがその名前のとおり、教室を舞台として行われることが理由として挙げられます。教室は"誰かのもの"ではなく"みんなのもの"です。そこで行われる活動もまた、"誰かのもの"ではなく"みんなのもの"になっていきます。

　また、教室リフォームは自発的な活動です。誰かにやらされる活動ではなく、自分達でやりたいと思い始める活動では、３人組がそうであったように、子ども達は実に生き生きと躍動します。その前向きでひたむきな姿を目にすると、周りの人は惹きつけられていきます。そして、応援したくなったり、一緒にやってみようとしたり、そんな気持ちが次第に生まれてきます。このように、周りの共感を生み出す力が教室リフォームにはあるのです。

　みんなの場所で行われ、そこに共感を生み出す教室リフォームは、子ども達が普段の人間関係を超えて、思わず一緒にやってみたくなる活動になりやすいといえそうです。そして、うまくいってもうまくいかなくても、それは参加したみんなの共通の体験として刻まれていきます。体験を共有しているという思いは、次の活動を一緒にやることの原動力になっていき、よいサイクルが生まれていきます。こうして、教室リフォームを通じて、子ども達は人間関係を広げたり、つなぎ直したり、深めたりしていくことができるのです。

4 教室リフォームと「主体的・対話的で深い学び」

★ 「主体的・対話的で深い学び」

　新学習指導要領では「主体的・対話的で深い学び」という言葉が打ち出されました。社会の変化、これからの予測不可能な社会を生きていく子ども達が、自らの力で人生を切り開き、よりよい社会を自ら作り出していく力を身につけるために、これまでの一斉指導から子ども達の主体性や活動的な学習への転換が叫ばれているわけです。

　ここでは詳しい説明は省きますが、これからの授業、学びには「対話」、そして「主体性」が大切だということ、そしてそれが「深い学び」につながっていくということです。

　では、実現するためにはどうすればいいのでしょうか？　既にさまざまな形で実践や指導法が紹介されています。この一つ一つの手法を取り入れていけば「主体的・対話的で深い学び」になるのでしょうか？　私達は、そうではないと思っています。

　たとえば、私達自身、協働学習やプロジェクト学習などさまざまな手法にチャレンジしてきました。その中でいつもぶちあたる壁がありました。活動的で目新しい学習の仕方に子ども達は実に楽しそうに、夢中になって取り組んでいます。でも、それが長続きせず形骸化してしまう。よく見ると、子ども達は先生が指示したとおりに、先生の顔を伺いながら学習を進めているのに気づきます。つまり、学び方自体は主体的になっているようでも、子ども達の姿勢は受動的なままなのです。さらにいえばプロジェクトの時には主体性を求め、掃除の時間

や専科の時間、プロジェクト以外の算数や教科の時間には受け身を求める矛盾もありました。

　子ども達の主体的な学びが実現されるためには、子ども達一人ひとりが学校生活の中で「主体的」であります。そもそも学級が子ども達の「主体性」が発揮されるような場所になっているのか？　ここが非常に大切だと考えています。すぐれた教材、素晴らしい学習テーマも、学級がこの「主体性」を基盤とした場になっていない限り、主体的な学びなど起きません。

教室リフォームで学級に「主体性」の文化を

　そもそも学校の中の行動原理は、「他律的・受動的」になりがちです。先生の号令、指示に従って動き、学校内のルールは守らなくてはなりません。そんな環境の中で、授業の時だけ「主体的」になることは可能でしょうか？

　教室リフォームプロジェクトの一つの大きな意義は「日常の学校生活の中に主体性が発揮できる場を作る」ということです。授業の中で「子ども達が活動的か」を見ているだけではわからない、子どもを受け身にさせる学校の文化まで含めてアクティブにしていくことで、学校を学習者主体の学びの場としていけるのではないでしょうか？

　大げさに書いてしまいましたが、3章の実践にもあるように、日常のちょっとした場面でもいいのです。小さなリフォームの中にも子どもの「主体性」が大事にされているかは表れます。学びだけではなく、子ども達の日常を「主体性」の発揮される場にしたい。それこそが新しい時代を切り開いていく子ども達に必要なことなのだと思います。

5 教室が子どもの居場所になると学びの意欲も変わる

子ども達にとって教室リフォームとは？

　ある日の放課後、子ども達と教室リフォームについておしゃべりをした時のことです。

「Nは名前シールやってくれたよね。どうだった？」
「楽しかった。」
「めんどくさいなぁなんて思わなかった？」
「うーん、思わないよ。だって私がやりたいって思ったことだから。」
「いつもだったら先生が全部やっていたでしょ？　それをみんなでやってって言われた時はどう思った？」
「え？　自分でアレンジしていいの？　って思ったよ。」
「それは嬉しかったってこと？」
「うん、嬉しかった。自分達でしていいよって任されたから、新しい自分の部屋ができたみたいで嬉しかったんだよね」

　教室が自分の部屋のように感じられるって素敵な言葉だなぁと思います。私達が考えていた以上に、教室リフォームを通して子ども達はこの教室を「自分の居場所」として感じているんだということがわかりました。そして「自分の居場所だ」と思えることは子ども達の生活や学びを大きく変える力があるのだと思います。

**教室リフォームが学びの
モチベーションも変える？**

　教室リフォームについて子ども達が書いた振り返りの中に、こんな文章を見つけました。

> 　リフォームやって、教室の雰囲気が変わっていいと思った。それは自分の部屋って感覚でもあるし、それ以上に私は、自分達の考える場所ができたって感じがしたんだよね。いままでも教室は考える場所、勉強する場所だったんだけど、やっぱり「居心地」が違う。授業中にさ、ここは自分で作った場所なんだなぁって思うことがあるんだよね。先生が立って話している黒板、じゃなくて私が作った黒板……みたいな感じ。自分でやった場所だから居心地が違うのかも。私の場所なんだって。するとね、授業中の気持ちも違って、居心地が変われば勉強の仕方も変わっていくような気がした。居心地がいいと勉強も自分のことのように思えるからね。うまく言えないけど、リフォームはやってよかったと思うよ。

　これを読んだ時に、とても驚いたことを覚えています。教室リフォームで子ども達の居場所や主体性が育まれることはわかっていましたが、まさか「学び方」にまで影響があるとは考えてもみませんでした。しかし、少し考えてみればそれはあたり前のことで、自分の居場所という感覚があればそこで行われる営み、つまり学びや活動も"自分ごと"になるのかもしれません。

　もしかしたらそれは小さな違いにしかすぎないのかもしれませんが、自分の作った場所だからこそ、自分の学びに主体的、積極的になれるのでしょう。

6 教室リフォームだから みんなが参加できる

 多様な子ども達と共に

　教室にいる子ども達を眺めてみると、実にさまざまな子ども達の姿が見えてきます。発想が豊かで発言力もある子。目立たないところでコツコツ学習を積み重ねていく子。深く物事を考え文章に表現できるが、発言することはためらってしまう子。学習が苦手な子。自己主張が強い子。なかなかみんなの輪に入れない子……。しかし、多くの子ども達に共通するのは、「できるようになりたい。楽しく過ごしたい」と願い、毎日学校に通ってきているということです。この思いを形にしていくために私達ができることとは、一体何なのでしょうか？

　４月、ある年のクラスの子ども達の様子は、自己主張が強くみんなと同じペースで歩みを進められない子、一方でその子達に隠れて自分の考えや気持ちを表に出せない受け身な子の姿がくっきりとわかれていました。それでもやはり共通して持っているのは、新学期という新たな節目に期待の気持ちだったと思います。
　そんなスタートに、教室リフォームはとても価値のあることでした。

 「落ち着きがないから……」

　上記のようなクラスの姿は、私達が出合ってきたクラスに限ったことではなく、どこの学校、クラスでも同じではないでしょうか？　さ

まざまな個性や側面を持った子ども達をどのように捉え、関わりを作っていくかは、私達教員の一番の悩みであり、やりがいでもあります。

よく、「うちのクラスは落ち着かない子がいるからできないかもなぁ」と声をかけられます。確かに、クラスにはさまざまな個性を持った子ども達がいるからこそ、「みんなが同じように」「みんなが参加できるように」「みんなが問題なく」……と不安はつきないものです。

でも、本当にそうでしょうか？

教室リフォームだからできること

勉強だと、得意不得意が既にはっきりしています。みんながみんな「さぁ、気持ちを新たに」とはなりにくいものです。しかし、教室リフォームに、できるできないはありません。クラスの誰もが参加でき、自分の取り組みが目に見えて形となります。「こうしたい！」という子ども達の願いを形にしやすい活動だといえます。

もちろん、整理が苦手、工作が得意、のように得意不得意はあるでしょう。しかし教室リフォームでは、自分の強みや得意を生かして、やってみることができます。

さらに、これまでの章でも書いてきたように、教室リフォームの中で子ども達は実に楽しげに活動していきます。その中で関わりが生まれ、クラスへのオーナーシップを持っていきます。多様な子ども達が自分なりの参加の仕方で、一人ひとりが主体的にクラスに関われるようになる経験は、とても大きなものです。そうやって考えていくと、授業や活動に比べて教室リフォームは参加しやすいハードルの低さがあります（もちろん子ども達の特性や状況に応じて配慮や支援は必要です）。多様な子ども達がいるからこそ、みんなでクラスを作っていくことが子ども達のよい財産となっていくのではないでしょうか。

7 教室リフォームで育まれる教室文化

教室文化を作るのは誰？

「教室の掲示物を見れば、担任の先生が誰だかわかる」と言われたことがあります。たとえば、卒業生が久しぶりに母校を訪ねてきて、クラスを見て回り、「先生のクラスって、ここですよね？ 先生っぽい掲示物があるからすぐにわかります」と言われることも。それほどまでに、教室の掲示物って担任のカラーが出やすいものです。

ところが、教室リフォームで作り上げた教室は、そうではありませんでした。掲示物や教室環境に、担任のカラーというより、子ども達のカラーが出ます。

あるクラスでは、「季節の行事ごとに掲示物を作る」という文化ができて、ハロウィンやクリスマス、正月の掲示物が教室のドアに掲示されるようになりました。また、あるクラスでは、「ベンチを丸くして話し合う」という文化が生まれました。違う年のクラスでは、ベンチは横並びに座っておしゃべりをする場所になりました。

このように、その時クラスを構成しているメンバーによってそれぞれ違いがあり、毎年同じものにはなりません。

私達は、「子ども達は、今回はどういうリフォームをしてくれるんだろう？ あー、楽しみだなぁ」ってワクワクします。私達が思いつかないようなリフォームをしている様子を見ていると、「本当に子ども達ってすごいなぁ」って嬉しくなります。

もしかしたら、教室リフォームで一番育まれるのは、このような「子

ども達のステキを見つける目」なのかもしれません。

先生どうしたらいいですか？　からの脱皮

　新しいクラスや新しい学年になった当初、「先生、これどうしたらいいですか？」「先生、何をしたらいいんですか？」「先生、教室はどうやって掃除をしたらいいんですか？」「先生、給食はどうやって配ったらいいんですか？」と、質問攻撃を受けることがあります。

　学級経営の方法を、学年である程度揃えたとしても、細部は各担任の裁量に任されています。それぞれの先生のやり方があるということを子ども達もわかっているので、こういう質問をしてくるわけです。

　しかし、教室リフォームをしたら、次のような変化が生まれました。「先生、時計の位置見えにくいから、変えておきましたよー」「おー、ありがとう」「今日は、水拭きの日じゃないけれども、汚れていたので掃除しておきますね」「サンキュー！　助かるよ！」というようなことが起こりました。

　こうやって報告してくることもあるけれども、だいたいは報告なし。何をしたらダメかという最低限のルールはわかっているので、大きな失敗はしません。小さな失敗をしたとしても、そこから学べる力が子ども達にはあります。

　なぜこのような変化が起きたのでしょうか？　子ども達は、教室リフォームを経験し、先生の指示を待つという姿勢から一歩踏み出して、どんどん提案していく姿勢を身につけたのです。その姿勢が、清掃活動や給食、休み時間の過ごし方、行事への取り組み、学習への取り組みなど、学校生活全般に、じわじわといい影響を与えています。

　このような子ども達の提案が積み重なっていき、教室に子ども達が作り上げていく文化が育っていきます。

8 あたり前を疑うことから始めよう

何が一番リフォームされたか

　教室リフォームをしたことで、何が一番変わったでしょうか。
　まず、教室にあった本や辞典、道具の置き場所は子ども達の希望をもとに大きく配置が変わりました。黒板下や掲示物などにも子ども達のアイデアが生きています。教室の一画のマットが敷かれた場所には、手作りの家具も置かれ、子ども達のお気に入りの場所になっています。
　でも、リフォームを通じて、もっとも大きく変わったものは、いま挙げた中にはありません。もっとも大きく変わったもの、それは私の頭の中です。子ども達の教室リフォームは、私の考えをリフォームしたのです。

私が持っていたあたり前

　教室リフォームに取り組むまで、私が持っていた教室のイメージは次のようなものでした。
　まず、教室の前面に黒板があります。その手前に教卓があり、それとは別に教員用の机が斜め前方に置かれています。黒板の脇の掲示板には、私が色や大きさのバランスを考えて作った掲示物が整然と、我ながら見事に貼られています。子ども達の机は、前に向かってペアごとにきちんと並べられています……。
　これがあたり前の教室の姿でした。そして、教室は先生が整えるもの。このように考えることも、また、あたり前でした。

あたり前を越えていく子ども達

　教室リフォームを始めるには、勇気が必要でした。なぜなら、私のあたり前にはないことが起きそうだったからです。それでも、先行実践から伝わる子ども達の姿は、一歩を踏み出す勇気をくれました。

　始めてみると、子ども達は私のあたり前を軽々と越えていきました。苦労して貼った掲示物は、子ども達によって、違う場所に貼り直されたり、時には作り替えられたりしました。自由に使える場所を作り出すため、机の配置も子どもと一緒に考え直しました。最初は戸惑うことばかり。でも、決して嫌な気持ちではありませんでした。むしろ、生き生きと前向きに取り組む子ども達の姿を見ていると、次は何が起こるのだろうと私までワクワクしてきました。そして、自分達の手でリフォームした教室で、これまでより居心地よさそうに過ごしている姿に、子ども達には教室を作る力があるという強い実感を持つようになりました。

　教室リフォームは、私の中にあったあたり前を崩しました。そして、その経験は、ほかにも無意識に持っていたあたり前を考え直すきっかけとなっています。「学校はこうしなくてはならない」ではなく「学校でできることは何だろう」と考えていくようになりました。

　私達はきっとあたり前をたくさん持っていると思います。ただ、その根拠を聞かれた場合に、答えられないものも多くあるのではないでしょうか。ひょっとしたら、子ども達がよりよく過ごしていくためには変えた方がいいものも、中にはあるのではないでしょうか。

　もしかしたら、教室リフォームを始めようと思った時には、既に私は私のあたり前をどこか疑い始めていたのかもしれません。だからこそ踏み出せたのだと、いまになってみればそう思います。

　まずはあたり前を疑うことから始めてみませんか。

9 小さな一歩から大きな変革へ

「自分の周りを変えていける力が私にはある」

　私達は教室リフォームを通じて、子ども達に「自分の周りを変えていける力が私にはある」と実感してほしいと考えています。大げさに聞こえるかもしれませんが、きっとそれは小さな出来事の積み重ねの中で実感されていくことです。この本の中にも、そんな小さな出来事がたくさん書かれています。

　「自分の発想が形になり、その場やみんなの生活に変化をもたらした」こんな経験を、教室リフォームで子ども達は積んでいきます。

　もちろん、その変化が常によい結果になるとは限りません。誰かにとってのよい変化が、誰かにとっては受け入れがたい変化であることもあるでしょう。教室リフォームではそのような場面がたびたび起こります。そして、そのぶつかりを経験することも大切な学びです。ぶつかりの中で、自分とほかの誰かとの違いに向き合い、対話と試行錯誤を繰り返していく過程で、自分の考えるよさが徐々に自分達の考えるよさに変わっていく。教室に安心と信頼のベースがあれば、このプロセスを何度も繰り返すことができます。

　「自分の手で場を変えていくこと」
　「ぶつかりの中で試行錯誤し、共通了解を生み出していくこと」
　こんなことを教室の中で経験していけたら、どんなに素晴らしいか。
　きっとその子達は
　「自分は場を創ることができる」

そんな思いを持つようになるでしょう。

　子ども達は1日1日大人へと成長していきます。そして、20年後には社会を担う存在になります。だとすれば、いま教室で起きていることの風景は、20年後の社会の姿であるといえそうです。

　「場を創ること」とは、実は社会を創ることにほかなりません。

　教室リフォームプロジェクトは、子ども達が社会を創る感度を磨いていくことができる活動です。この活動で育まれる力を持った子ども達は、20年後、社会の主体者として、他者との協同の中で、よりよい社会の姿を模索し続けることにチャレンジしていけると信じています。

　教室リフォームプロジェクトは、その主役の子ども達だけでなく、その活動を助ける先生の側にもチャレンジを促します。それは、子ども達を信じ、自由と責任を渡していくチャレンジです。それぞれ多様な個である子ども達一人ひとりに自由と責任を渡していくことは、大きなチャレンジになるでしょう。時に迷いや困難を感じることもあるかもしれません。でも大丈夫。子ども達がそうであるように、私達大人もまた、教室リフォームを行っていく中で、成長していくことができるからです。

　焦らずに、初めは小さな一歩でよいのです。子どもにとっても、先生にとっても小さな一歩から始めましょう。ゆっくりそっと、周りの人と手をとりながら、小さな一歩を踏み出してみましょう。そして、踏み出した足元から顔を上げて、一度周りを見てみましょう。きっと踏み出す前とは違った風景が広がっているはずです。そして深呼吸をして、もう一度、さっきよりちょっと歩幅を広くして、また一歩を踏み出してみましょう。

　教室リフォームプロジェクトで踏み出される小さな一歩が、やがて大きな変革につながっていく。この活動での子ども達の姿を見れば、あなたもきっとそのことを実感できることでしょう。さぁ、教室リフォームプロジェクトを、いま、この時から始めていきましょう！

編著者紹介

編著者

岩瀬直樹（いわせ　なおき）

1970年生まれ。埼玉県公立小学校教諭を経て、東京学芸大学教職大学院准教授。ファシリテーター。NPO「Education Future Center」理事。西脇KAI所属。著書に『成果を上げて５時に帰る教師の仕事術』（学陽書房）、『きょうしつのつくり方』（旬報社）、『みんなのきょうしつ』（学事出版）、『せんせいのつくり方』（旬報社）、『よくわかる学級ファシリテーション』シリーズ①②③（解放出版社）、『クラスづくりの極意──ぼくら、先生なしでも大丈夫だよ』（農文協）、『効果10倍の〈学び〉の技法』（PHP新書）などがある。

著者（50音順）

有馬佑介（ありま　ゆうすけ）

1981年生まれ。私立桐朋学園小学校教諭。そこにいる人たちが自由を感じられる教室・学校・社会づくりを目標とし、子ども一人ひとりの関心や進度に沿った実践を展開している。ファシリテーションの稽古場「F３」所属。「くにたち原爆体験伝承者」としても活躍中。

伊東峻志（いとう　たかし）

1984年、東京生まれ。東京都公立小学校教諭。恩師の授業や生き方に憧れて、教科や教科書を越えた子どもと共に創り上げる学びを目指す。現在は、子ども主体のワークショップを核とした授業づくりや探究学習をテーマに取り組んでいる。

馬野友之（うまの　ともゆき）

1982年大阪府生まれ。埼玉県公立中学校社会科教諭。子どもが自立して幸せに生きていくことを目指して、主体的に学ぶ社会科授業・学級づくり・部活経営を中心に実践をしている。日本イエナプラン教育協会会員。JAAF公認ジュニアコーチ（陸上競技指導員）。

クラスがワクワク楽しくなる！
子どもとつくる教室リフォーム

2017年3月21日　初版発行
2017年4月27日　3刷発行

編著者――― 岩瀬直樹
著　者――― 有馬佑介・伊東峻志・馬野友之
発行者――― 佐久間重嘉
発行所――― 学 陽 書 房
　　　　　〒102-0072　東京都千代田区飯田橋1-9-3
営業部――― TEL　03-3261-1111／FAX　03-5211-3300
編集部――― TEL　03-3261-1112
　　　　　振替口座　00170-4-84240
　　　　　http://www.gakuyo.co.jp/

編集／造事務所
装丁／スタジオダンク　イラスト／尾代ゆうこ
本文デザイン・DTP制作／岸 博久（メルシング）
印刷／倉田印刷　　製本／東京美術紙工

Ⓒ Naoki Iwase 2017, Printed in Japan　ISBN 978-4-313-65327-6　C0037
乱丁・落丁本は、送料小社負担にてお取り替え致します。
定価はカバーに表示してあります。

JCOPY ＜出版者著作権管理機構　委託出版物＞
本書の無断複製は著作権法上での例外を除き禁じられています。複製される場合は、そのつど事前に、出版者著作権管理機構（電話 03-3513-6969、FAX03-3513-6979、e-mail：info @ jcopy.or.jp）の許諾を得てください。